Lachs

ECON Gourmet Bibliothek

Ingo H. G. Taubert

Lachs

ETB
ECON Taschenbuch Verlag

Bildnachweis:
Norwegisches Lachs-Center, Frankfurt a. M., (6);
Firma AQUILA, Hamburg, (4);
Firma Friedrichs KG, Hamburg, (3);
ZEFA, Düsseldorf, (1);
Gruner + Jahr, Hamburg, (1).

Autor und Verlag bedanken sich für die freundliche Unterstützung bei der Bildbeschaffung.

CIP-Titelaufnahme der Deutschen Bibliothek

Taubert, Ingo H. G.:
Lachs / Ingo H. G. Taubert. - Orig.-Ausg. - Düsseldorf:
ECON Taschenbuch Verl., 1989
(ETB; 24016: ECON Gourmet Bibliothek)
ISBN 3-612-24016-1
NE: GT

Originalausgabe

April 1989
Umschlaggestaltung: Ludwig Kaiser
Titelfoto: Johannes Sussbauer; Realisation: Ludwig Kaiser
Rückseitenfoto: Axel Ruske
Zeichnungen: Karola Niehoff
Lektorat/Konzeption: Dr. Peter Lempert

Satz: Dörlemann-Satz, Lemförde
Druck und Bindearbeiten: Ebner Ulm
Printed in Germany
ISBN 3-612-24016-1

Inhalt

Hans-Peter Wodarz

über

Lachs

Ein guter Freund, der in Schweden geboren wurde und als Fotograf durch die Welt reist, hält einen Termin im Jahr unverrückbar ein; auch der lukrativste Job kann ihn dann nicht locken: Am Tag, da der Lachsfang in Schwedens Flüssen eröffnet wird, trifft er sich mit alten Freunden und wirft die Angel aus. Die hüfthohen Stiefel hat er schon vorher vom Speicher geholt, die Leine ist überprüft, die Trommel geölt. Begeistert erzählt er hinterher, wie hart die Arbeit war, wie ausdauernd die Lachse gekämpft haben, wie zufrieden er sich nach dem langen, aufreibenden Kampf gefühlt hat. Das Lachsfischen ist ein teurer Spaß, und auch in Schottland ist es nicht für das kleine Portemonnaie geeignet.

Ganz so wichtig nehme ich den Lachs nicht. Er ist kein Luxus mehr, und das ist gut so. In den vergangenen Jahren wurde er von manchen versnobten Gourmets gelegentlich geschnödet, weil sie ihn über hatten. So etwas kann passieren, aber die kalte Schulter hat der delikate Fisch nicht verdient. Freilich gibt es zwischen Lachs und Lachs riesige Unterschiede. Der gravierendste ist der zwischen dem gezüchteten Lachs und dem wilden, der dadurch berühmt wurde, daß er zum Laichen immer wieder an die Stelle zurückkehrt, an der er geboren wurde – einem ruhigen Flußoberlauf. Dorthin zu gelangen, ist eine Sache für Leistungssportler. Das ist der wilde Lachs zweifelsfrei: Mit unbändiger Kraft passiert er die reißendsten Stromschnellen, und zwar flußaufwärts.

In ruhigen Bahnen verläuft dagegen das Leben der Zuchtlachse in norwegischen Fischfarmen. Sie verbringen ihr Leben wie Schlachtvieh – Wassertemperatur, Körpergewicht und Nährstoffmischung werden per Computer gesteuert.

Die Herkunft der Lachse erfährt der Verbraucher nur selten. Für den Geschmack ist jedoch nicht nur die Herkunft ausschlaggebend. Bei geräucherten oder marinierten Lachsen spielt die richtige Behandlung eine ebenso große Rolle. Die meisten Lachse auf Deutschlands Tischen werden geräuchert verspeist.

Der Zuchtlachs ist immer in ausreichenden Mengen verfügbar, und er ist bezahlbar. Freilich entscheiden letzten Endes der Geschmack und die Qualität. In meinem Restaurant »Die Ente vom Lehel« kann es nur allerbesten Wildlachs geben, damit aus den rohen Filets köstliche Lachssoufflés, Mousselines und Pasteten gezaubert werden können. Auf geräucherten Lachs versteht man sich, wie ich während mancher Urlaube feststellen durfte, auch in Schottland und in Irland gut – aber mein Freund Hans-Gerd Kübel aus Ebersol in St. Gallen/Schweiz kann es, bei allem Respekt, am besten. Sein zart geräuchertes BALIK-Lachsfilet »Zar Nikolai« ist einzigartig in der Welt. Er ist der wirkliche Lachskönig. Einer seiner Briefe an mich schloß mit den Worten: »Wo guter Geschmack und gute Laune zusammentreffen, sind Herzlichkeit und Frieden nicht weit.« – Wie wahr!

Geschichte rund um den Lachs

Über 100 Millionen Jahre schwimmt er nun schon durch die Meere und Flüsse dieser Welt, der Lachs, die heutige unangefochtene Nummer eins unter den Fischdelikatessen. Ob geräuchert, pochiert, gegrillt oder gebeizt, erfreute er schon die Herzen und Mägen der Römer. Im Mittelalter war er dagegen eine billige Fastenspeise, die dann allerdings durch kulinarische »Experimente« in den Klosterküchen eine immense Aufwertung erhielt. Klosterküchen waren damals so etwas wie unsere heutigen Gourmetrestaurants.

»Naturgeschichte« vor 200 Jahren

»Ein an den vortrefflichsten Arten reiches Fischgeschlecht sind die Lachse, denen man auch den Namen Salme zu geben pflegt. Ob sie von ihrer Springkunst (saltare) oder vom Salz (sal) so heißen, wissen wir nicht. Sie sind der größte Reichtum vieler nördlicher Küstenbewohner; Menschen und Tiere leben dort fast nur von ihnen, ja, es wird Mehl zum Brot- und Kuchenbacken aus ihrem Fleische bereitet. Fast nichts hätten die Menschen bey Kohla am weißen Meere zu essen, kämen die Lachse nicht zu ihnen, die sie zu Tausenden am Winde trocknen. In reinen, schnellfließenden Wassern leben die meisten Lachsarten. Einige von ihnen ist das Meer zum Aufenthalte angewiesen, jedoch verlassen sie dasselbe im Frühjahre, machen ungeheure Reisen die Flüsse hinauf und kehren, wenn sie für zahlreiche Nachkommenschaft gesorgt haben, nicht ohne beträchtlichen Verlust an Herres-Zahl, in ihre Heimath zurück. In der ganzen Welt ist dieses Fischgeschlecht verbreitet, und beynahe alle Arten desselben halten sich an den Küsten von Kamtschatka auf. Merkwürdig ist es aber, daß sich die Arten nie untereinander vermischen, sondern getrennt, zu verschiedenen Zeiten, die Ströme hinaufziehen.«

Ganz beachtlich, was schon vor ca. 200 Jahren ein gewisser G. T. Wilhelm, »Diaconus bey St. Jacob in Augsburg, der Gesellschaft naturforschender Freunde in Berlin Mitglied«, in seinen »Unterhaltungen aus der Naturgeschichte« über den Edelfisch alles zu sagen wußte. Denn der Lachs findet sich darin nach Körperbau, Färbung, Lebensgewohnheiten und Vorkommen sehr trefflich geschildert. Allerdings beschränkte sich Wilhelms Naturgeschichte auf den *Atlantischen Lachs (Salmo salar)*, denn Alaska war damals noch weitgehend unbekannt oder zumindest unerforscht.

Die Besonderheit: Ostseelachs

Nicht erst heute nimmt der Ostseelachs eine Sonderstellung unter den vielen Lachsarten unterschiedlicher Herkunftsgebiete ein; seine außerordentliche Qualität wurde schon im Mittelalter gepriesen: Im Jahr 1409 sandte der Hochmeister des Deutschen Ordens dem König von Ungarn und dem König Wenzel von Böhmen Lachse, um sie in einem Streitfall für sich zu gewinnen.

Der Ostseelachs war 1440 mindestens zehnmal so teuer wie der Hecht. 1621 wurde festgelegt, daß dieser Fisch nicht an Händler übergeben, sondern dem herrschaftlichen Fischmeister überlassen werden mußte, da der Lachs »allein der Herrschaft gehöre«. Im Jahr 1641 mußten über den Fischmeister zur Versorgung der Honoratioren 220 Lachse an die Stadt Elbing geliefert werden. Als einen Massenfisch, wie es z.B. der Lachs aus der Nordsee zu damaliger Zeit war, konnte man und kann man auch heute den Ostseelachs nicht bezeichnen.

Täglich Lachs – des Guten zuviel

Daß die Nordsee vor über 100 Jahren ein wahres Fischmeer gewesen sein muß, ist nicht nur durch die 1801 in Hamburg-Altona erlassenen Polizeiverordnung erwiesen, die besagte, daß es bei Strafe verboten sei, dem Gesinde mehr als dreimal die Woche Lachs zur Kost zu geben. Lachse gab es damals so zahlreich, daß sie für Menschen und Tiere in machen Furten regelrechte Hindernisse darstellten. Fischer konnten von Bord ihrer Fischkutter Lachse schwimmen sehen, und 1885 wurden z.B. in der Weser bei Hameln 8000 Lachse gefangen.

Vielleicht bietet das dem Fürsten Bismarck nachgesagte Wort, daß der Salzhering genauso geschätzt würde wie Kaviar, wenn er ebenso teuer wäre, hier eine Erklärung.

Wäre der Preis für Lachs aus der Elbe oder Weser Anfang des 19. Jahrhunderts so hoch wie z. B. der von Rindfleisch, hätte Lachs sicherlich einen höheren Stellenwert in der kulinarischen Skala gehabt.

Vielfalt der Lachsrezepte

Alle besseren Kochbücher behandelten Ende des letzten Jahrhunderts das Thema Lachs mit besonders zahlreichen und abwechslungsreichen Rezepten. Im »Meisterwerk der Speisen und Getränke« von 1892 findet man z. B. über 200 Arten der Lachsbereitung.

Voll des Lobes über den Lachs und die Vielfalt seiner Verarbeitungs- und Zubereitungsmöglichkeiten war auch Wilhelmine von Gehren, die vor dem Ersten Weltkrieg in ihrem Kochbuch »Küche und Keller« über den Lachs schrieb: »Man kann ihn auch in Stücken kaufen, das Zerschneiden entwertet den Lachs nicht so sehr wie viele andere Fischsorten, da er sehr festes Fleisch hat. Da sein Fleisch so kompakt ist, rechnet man auf die Portion nur ein knappes halbes Pfund.«

Natürlich sind die meisten Rezepte aus heutiger Sicht als einzige »kuliniarische Katastrophe« anzusehen. So wurde der Lachs meist von dicken, begleitenden Saucen fast erschlagen. Bei einem Rezept wie »Lachs preußischer Art« wird sich wohl jeder Gourmet mit Schaudern abwenden: Lachsscheiben wurden durch eine angedickte Pilzsauce gezogen, paniert und in heißem Fett ausgebacken. Anschließend wurden sie mit Krebsschwänzen gefüllt. Bon appétit!

Festliche Essen mit Lachs

Während Russen und Skandinavier auch heute noch das Lachsfleisch zum Zubereiten deftiger Mahlzeiten verwenden, zelebriert Mitteleuropa den Lachs im Rahmen festlicher Diners. Doch Lachs war und ist beides, Delikatesse und Alltagsspeise, letzteres heute vor allem dank der Zuchtfarmen.

Friedrich der Große erfreute sich fast täglich am Lachsgenuß, wobei es neben einfachen Mahlzeiten auch durchaus schon einmal pompöse Festmähler sein durften, bei denen der Lachs das kulinarische Highlight setzte. Am 5. August 1786, zwölf Tage vor seinem Tod, »verdrückte« seine Majestät, alles andere als puritanisch, neben Kohlsuppe, Rinderbraten und -zungen, Geflügelbrust, frischen Heringen etc. auch »Du saumon à la Dessau«.

Auch im 19. Jahrhundert fehlte der Lachs bei großen Essen nicht in der Menüfolge. So auch nicht beim preußischen Krönungsdiner, gegeben im Schlosse zu Königsberg am 18. Oktober 1861, das für sage und schreibe 1020 Gedecke zubereitet wurde. Es war klar, daß bei diesem Anlaß nur das Beste vom Besten aufgetischt wurde. Und da kam seinerzeit nicht irgendein Lachs in Frage, sondern nur der Rhein-Lachs. So hieß denn auch das Gericht »Saumon du Rhin à la Génoise«.

In der Feinschmecker-Rangliste des vorigen Jahrhunderts hatten die Rhein-Lachse oder Salme, wie man sie damals nannte, halt den besten Ruf, gefolgt von den Lachsen aus der Loire, Düna, Weser und Weichsel. Lachse aus Elbe und Oder folgten weit abgeschlagen auf den nächsten Plätzen.

Lachs – ein Aphrodisiakum?

Von der Antike bis in unsere Tage hält sich das Gerücht, demzufolge der Genuß von Lachsfleisch ein sehr wirksames, die Potenz förderndes Mittel sein soll. Bei den alten Babyloniern, Assyrern und Karthagern war Fisch überhaupt das Sinnbild für Fruchtbarkeit. Große Wikingerfürsten, die u.a. über eine ausdauernde Potenz verfügt haben sollen, wird nachgesagt, daß sie vor ihren Fruchtbarkeitsfesten täglich Lachsfleisch verkonsumiert haben.

Katharina die Große, berühmt und berüchtigt durch ihren unersättlichen Appetit auf die Freuden der Tafel und der Liebe, versuchte, mit Lachskaviar die Thronfolge ihrer Dynastie sicherzustellen. Ihr Ehemann, Zar Peter III., so heißt es, war teils zu faul und teils zu ungeschickt, die natürliche Thronfolge zu sichern. Worauf Katharina ihrem Leibarzt befahl, dem Zaren die erfolgversprechende Medizin zu verschreiben. Der Mediziner verschrieb Lachskaviar, reichlich und regelmäßig. »Wenn das nicht hilft«, soll er gesagt haben, »dann ist er ein hoffnungsloser Fall.« Katharina verspeiste daraufhin – aus staatspolitischen Erwägungen – mit anderen feinen Herrn die Kaviarportionen. Die Dynastie wurde gerettet.

Doch die Liebeskraft ist nun einmal nicht nur eine physische, sondern auch eine psychische Angelegenheit, die nicht durch den Genuß von Lachsfleisch gefördert wird, zumal Untersuchungen ergeben haben, daß Lachsfleisch Stoffe enthält, die auch in anderen Fischen zu finden sind. Eiweiß, so bestätigen die Wissenschaftler heute, ist ein lebenswichtiger, anregender und kräftigender Nährstoff. Und Lachs enthält, wie alle anderen Fische auch, besonders viel Eiweiß.

Eine mögliche Verbindung zwischen Manneskraft und Lachs mag daraus abgeleitet werden, daß der Lachs, bevor es zum Laichen geht, ein nimmermüder Geselle ist, der auf das erklärte Ziel Laichen seine ganze Energie verschwendet. Und es gibt übrigens eine Legende, die besagt, daß Legenden immer einen Funken Wahrheit enthalten.

Ob in den Klosterküchen mit ihren mittelalterlichen Rezeptlaboratorien oder bei Geschäftsleuten links und rechts des Rheins im vorigen Jahrhundert, ob auf den Tafeln der Großen oder Wilhelms II., Lachs war und ist immer einer der kulinarischen Höhepunkte jeden Menüs. Obwohl es auch Zeiten gab, in denen der massenweise gefangene Fisch als Alltagsspeise vom einfachen Volk verschmäht wurde, was sicherlich nicht allein damit zusammenhing, daß man lange Zeit den Edelfisch in der häuslichen Küche doch schrecklich malträtierte und ihm seinen feinen Eigengeschmack auf verschiedenste Art und Weise austrieb.

Das Lachsgeheimnis

Die Fähigkeit der Lachse, den Weg aus der Weite des Ozeans bis zum Kiesbett im Bach ihrer Geburt zielstrebig zurückzufinden, stellt die Wissenschaftler vor ein Rätsel: Wie finden pazifische Lachse von den Ausläufern der Aleuten zur Mündung des Geburtsflusses in Kalifornien oder Sibirien? Wie orientieren sie sich in der Unmenge der Wasserläufe mit ihren Verästelungen?

Orientierung mit Hilfe einer »inneren Uhr«?

Von einem 1939 gestarteten Forschungsprojekt versprachen sich die Wissenschaftler seinerzeit erste Aufschlüsse über das Orientierungsvermögen der Lachse: In einem Nebenfluß des Fraser Rivers in Kanada wurden über eine halbe Million Lachse gekennzeichnet. An gleicher Stelle wurden später über 10000 Lachse mit dem Kennzeichen wieder eingefangen, was ungefähr der normalen Überlebensrate entspricht, denn die Verluste im Meer und in den Flüssen werden auf über 95 Prozent geschätzt. Es hatten somit fast alle Lachse den Weg zurückgefunden.

Zusätzlich wurde untersucht, ob die Kenntnis des Brutplatzes vererbt wird. Befruchtete Lachseier wurden in fremden Flüssen ausgesetzt. Die Junglachse kehrten zur Kinderstube, nicht zum Laichplatz ihrer Eltern zurück. Die Wissenschaftler vermuteten, daß sich Fische mit Hilfe ihres unglaublichen Geruchsvermögens orientierten - heute weiß man, daß sie auf chemische Substanzen in einer Verdünnung von einem Hunderttausendstel Milligramm auf einen Liter Wasser reagieren. Um ihre These zu beweisen, wurden wandernde Lachse kurz vor ihrem Ziel abgefangen und in zwei Gruppen geteilt. Den Fischen der einen Gruppe wurde die Nasengrube mit Baumwolle verstopft und beide Gruppen anschließend unterhalb der nächsten Flußgabelung im Hauptstrom ausgesetzt. Und tatsächlich fand nur eine Gruppe den richtigen Weg, die Lachse mit den verstopften Nasengruben hatten die Orientierung verloren. Lachse folgen also ihrer Nase, sie erschnüffeln sich den Heimweg wie ein Hund.

Doch ob es der Geruchssinn allein ist, der die Lachse ihren Weg von der Unendlichkeit der Weltmeere zur Mündung »ihres« Flusses finden läßt, ist nicht sehr wahrscheinlich, vielmehr wird angenommen, daß sie über so etwas wie eine »innere Uhr« verfügen, eine Art Kompaß, der das Ziel mit dem Sonnenlauf koordiniert. Dagegen spricht allerdings, daß die Lachse auch nachts ihr Ziel anstreben. Daher werden als Erklärungsansatz auch magnetische Wellen ins Spiel gebracht oder auch der Sternenhimmel als Wegweiser.

Mit einem Satz: Man weiß nicht, wie die Lachse aus den unendlichen Weltmeeren den Weg zurück zum Fluß ihrer Herkunft finden.

Der Strom ist ihr Schicksal

Nirgendwo in der Natur liegen Werden und Vergehen so nahe beieinander, wie bei den Lachsen. Ende Juni, Anfang Juli schwimmen sie z.B. aus dem Beringmeer zu Millionen in die Bristol Bay und von da in die Flüsse und Bäche hinauf, wo sie vor einigen Jahren ausgeschlüpft waren. Ziel der Wanderschaft der Lachse ist Hochzeit und Tod. Sie folgen einem Instinkt, der mächtiger ist als ihr Lebenswille.

Etwa zwei Jahre nachdem sie in den Quellwässern von Bächen und Seen geboren wurden, beginnen die Lachse ihre große Wanderschaft. Sie schwimmen ins Meer und verwandeln sich vom Süßwasser- zum Salzwasserfisch. Ständig auf der Suche nach Nahrung schwimmen die Lachse etwa 6 Stunden täglich bei einer Durchschnittsgeschwindigkeit von 13 Kilometern pro Stunde. Bei einer Gegenströmung von 6 Metern in der Sekunde schaffen sie ungefähr 20 Kilometer am Tag. Etwa im 6. Lebensjahr brechen die Lachse zur Hochzeitsreise auf. Kommen sie erschöpft an der Flußmündung an, so warten schon die Robben auf sie oder sie werden von Raubmöwen attackiert. Beim Aufstieg vom Meer ins Süßwasser zieht sich ihr Magen zusammen, eine Nahrungsaufnahme ist nicht mehr möglich. Alle vorhandene Körpersubstanz konzentriert sich auf das Laichen. Stromschnellen und Wasserfälle, Schleusen und Staustufen schwächen ihre Kräfte, da sie bis zur totalen Erschöpfung versuchen, jegliche Hindernisse durch Springen zu überwinden. Lachse sind nicht nur hervorragende Schwimmer, sie sind auch ausgezeichnete Springer. Beim Springen nehmen sie regelrecht Anlauf unter Wasser und stoßen sich mit einem gewaltigen Schwanzschlag ab.

Lachse sind nicht nur hervorragende Schwimmer, sondern auch ausgezeichnete Springer. Sie stoßen sich mit einem gewaltigen Schwanzschlag unter Wasser ab und können bis zu drei Meter hohe Hindernisse überwinden.

Nicht zuletzt durch moderne Kühlmethoden und schnelle Transportmöglichkeiten kommt der Lachs taufrisch auf die Tafeln der Feinschmecker. Angeboten wird frischer Lachs entweder im ganzen, als Kotelett, als Schwanzstück oder als Filet.

Dabei über winden sie Hindernisse bis zu drei Metern Höhe.

Durch die Schwächung werden sie natürlich auch anfällig für Parasiten und Bakterien. Auch die gefräßigen Bären, die oft nur das für sie Delikateste, die Innereien, fressen, gehören zu ihren natürlichen Feinden. In Alaska, einem der letzten Lachsparadiese der Welt, hocken ganze Bärenfamilien an den Stromschnellen und angeln mit einem kräftigen Prankenhieb Lachse satt. Und nicht zuletzt der Mensch versucht, sich seinen Anteil an der Beute zu sichern. Für den Feinschmecker ist der Lachs auf dem Heimweg in seine Kinderstube am interessantesten. Eine ganze Industrie lauert ihm mit Netzen und sogenannten Lachsketten auf.

Hochzeit der Lachse

Während der Wanderung flußaufwärts verlieren die Lachse ihre ursprüngliche silbrige Hautfarbe und legen ihr Hochzeitskleid an. Es entwickeln sich die schillerndsten Farben, und beim Milcher, dem männlichen Lachs, bildet sich außerdem ein Hakenkiefer. Je mehr ein Männchen abmagert, um so ausgeprägter wird der Hakenkiefer; man spricht dann von den sogenannten *Hakenlachsen.*

Lachse haben während der Wanderung zum Laichplatz einen ungeheuren Kalorienverbrauch, beim Milcher sind es täglich bis zu 25880 Kalorien pro Kilogramm Körpergewicht, beim Weibchen sogar 28500 Kalorien. Wenn die Lachse daher am Ziel ihrer Wanderung ankommen, sind sie fürchterlich abgemagert. Letzte Reserven werden für das Laich- und Liebesgeschäft mobil gemacht.

Die Laichplätze befinden sich direkt im Quellgebiet der Flüsse, wo die Wassertiefe zwischen einem halben und zwei Metern liegt. Hier ist das Wasser sehr sauerstoffreich, kühl und vor allen Dingen sehr sauber und frei von Umweltverschmutzungen. Der Untergrund besteht keinesfalls aus Steinen, sondern aus Sand und Kies.

Das Weibchen gräbt in mühevoller Arbeit durch kräftiges Rumpfschlagen eine sogenannte Laichgrube von 2 bis 3 Metern Länge und 20 bis 40 Zentimetern Tiefe. Dann gesellt sich das Männchen hinzu, und es dauert einige Tage, bis es zum Laichen kommt. Männchen und Weibchen schwimmen eng beieinander über der angelegten Grube. Das Weibchen legt die Eier in der Grube ab, die vom Männchen befruchtet und sofort durch kräftige Schwanzschläge mit Sand und Kies abgedeckt werden. In dieser Zeit bereitet das Weibchen bereits die nächste Grube für die Eiablage vor. Da die Eier schwerer sind als das Wasser und sehr klebrig, können sie während des Laichvorgangs nicht fortgespült werden. Die Menge der Eier, die bei einem Laichvorgang abgelegt werden, schwankt zwischen 1500 und 25000 Stück, und die Ausbrütung dauert etwa 100 bis 180 Tage.

Durch die Anstrengungen während der Laichwanderung und dem mehrtägigen »Hochzeitsfest« haben die Lachse 30 bis 40 Prozent ihres Gewichtes verloren, mit dem sie in die Flüsse gewandert sind. Die meisten der Lachse überstehen diese Strapazen nicht und sterben. Nur etwa 6 Prozent überleben und können nach 2 bis 3 Jahren ein zweites Mal Hochzeit feiern. Für den Besucher Alaskas ist es immer wieder ein erschütterndes Bild, wenn er an einer Flußbiegung auf den Sandbänken Tausende Skelette von verendeten Lachsen sieht.

Natürlich gibt es bei den immer knapper werdenden Nahrungsreserven auf der Erde Überlegungen, wie man dieser Vergeudung der Natur, die Millionen Tonnen wertvoller, eiweißhaltiger Nahrung nutzlos verschwendet, Einhalt gebieten kann. Eine Lösung allerdings scheint es nicht zu geben, denn nach dem anstrengenden Laichen ist das Fleisch der Lachse wertlos. Sie am Laichen zu hindern, etwa die Flüsse zu versperren, würde den (Wild-)Lachs schon nach einiger Zeit aussterben lassen.

Die Geburt der Lachse

Nach der Eiablage im November schlüpfen die Larven im April oder Mai des darauffolgenden Jahres. Sie haben eine Länge von etwa 15 bis 20 Millimetern. Unter ihrem Körper tragen sie einen großen Dottersack, aus dessen Vorräten sich die Larven in den ersten 6 Wochen ernähren. Danach leben sie von Insektenlarven und kleinen Würmern, und erst etwas später wagen sie sich auch an kleinere Fische heran.

Nachdem der Jungfisch 1 bis 4 Jahre im Süßwasser gelebt und eine Länge von 10 bis 20 Zentimetern erreicht hat, beginnt sein Abstieg ins Meer. Am Etappenziel angekommen, halten sich die Jungfische einige Zeit in den Flußmündungen auf, sie müssen sich erst langsam an das Salzwasser gewöhnen.

Während ihres Aufenthalts im Süßwasser haben die Jungfische nur minimal an Gewicht zugenommen; doch dies ändert sich nun in der neuen salzhaltigen Umgebung sehr schnell.

Lachswachstum im Meerwasser

	Gewicht	Länge
Nach 1 Jahr	1,5 – 3,5 Kilogramm	50 – 60 Zentimeter
Nach 2 Jahren	4 – 8 Kilogramm	70 – 85 Zentimeter
Nach 3 Jahren	7 –12 Kilogramm	90 –105 Zentimeter

Die Angaben über das Lachswachstum in der Tabelle sind Durchschnittswerte, die natürlich auf die kleineren Lachsarten, wie die Pink-Lachse, die nur 2 bis 3 Kilogramm schwer werden, nicht zutreffen.

Es ist bis heute übrigens nicht geklärt, ob die Lachse ursprünglich Meeresfische waren, die zum Laichen in die Flüsse wanderten, oder aber ob sie Süßwasserfische waren, die als Jungfische zur Nahrungsaufnahme in das Meer hinauswanderten.

Fast alle Geheimnisse um den Edelfisch sind gelüftet, sein phänomenaler Geruchssinn, sein Trieb zum Laichen, seine Geburt, die »Hochzeit« etc. Nur das letzte Geheimnis ist bisher gewahrt, wie der Lachs aus den unendlichen Weltmeeren genau den Weg zurück zum Fluß seiner Herkunft findet.

Lachs und Umweltprobleme

Jahrhundertelang erfreuten die Fürsten und Kaufleute am Rhein ihre Gäste mit kulinarischen Genüssen rund um den Lachs. Holländischer Lachs am Niederrhein und Baseler Lachs am oberen Rhein waren keine Seltenheit auf der Speisekarte. Bis Ende des 19. Jahrhunderts wurden im Unterlauf des Rheins jährlich bis zu 70000 Lachse gefangen. Ab 1900 wurden es langsam weniger. Und heute gibt es wohl keinen Lachs mehr im Rhein. Das ist das traurige Ergebnis der Gewässerverunreinigung.

Lachsfeinde: Gewässerausbau und -verunreinigung

Der Mensch hat im Laufe der Jahre großen Einfluß auf den Lebensraum der Fische genommen. Zur Vermeidung von Hochwassergefahren wurden Flüsse begradigt, zur Schiffbarmachung und im Zuge der Flurbereinigung die Ufer nach den jeweiligen Bedürfnissen verändert. Alle natürlichen Unebenheiten wurden beseitigt und somit auch die wichtigsten Laichplätze für den Lachs. Es gibt hierzulande so gut wie keine Stillwasserzonen für die Brut mehr, der

Gewässerausbau schaffte schnellfließendes Wasser mit einem einheitlichen Wasserstand.

Noch schlimmere Schäden als der Gewässerausbau richtet die Gewässerverunreinigung an. Chemische Barrieren in Form von hochgiftigen Abwässern versperren den Lachsen den Weg zu ihren Laichplätzen. Auch wenn manche Schmutzstoffe nicht direkt giftig für die Fische sind, so bewirken organische Stoffe doch eine starke Vermehrung von Algen, Pilzen und Bakterien. Diese wiederum verbrauchen den für Laich und Brut so nötigen Sauerstoff. Schon eine dünne Ölschicht hindert die Fische daran, Luft zu schlucken.

Praktizierter Umweltschutz: Hoffnung für Lachse

Eine Reaktivierung der Laichplätze soll hierzulande durch gezielte Bepflanzung der Uferzonen mit Unterwasserpflanzen, Schilf u.ä. erzielt werden. Nebenbäche und Flußsysteme, die durch Schwellenbauten für Fische unpassierbar sind, werden durch den Einbau von Fischtreppen wieder zu Laichplätzen erschlossen. Das alles sieht das »Aktionsprogramm Rhein« vor, das zudem eine erhebliche Verbesserung der Wasserqualität bis zum Jahr 2000 verspricht.

Auch ein neuartiges Verfahren einer Kieler Firma verspricht Erfolg, dem Sauerstoffmangel in deutschen Flüssen ein Ende zu setzen. Eine Strahldüse zur Belüftung von Gewässern und Schlammschichten ist entwickelt worden. Das Prinzip ist nicht neu, jedoch verspricht die Methode, ein Luft-Wasser-Gemisch in feinster Verteilung in eine beliebige Wassertiefe einzustrahlen, eine erhebliche

Verweildauer. Somit können beliebige Schlammschichten durchschlagen werden, um Faulgase auszutreiben und die Schichten zu belüften.

Daß es möglich ist, einen »umgekippten« Fluß wieder zum Lachsleben zu erwecken, dafür steht das Beispiel Nybroån, ein kleiner Fluß in der Nähe von Ystad am südlichsten Zipfel Schwedens: Bis 1950 konnten im Nybroån kurzzeitig höchstens ein paar Frösche und Hechte überleben, spätestens ab Oktober jeden Jahres war es damit dann vorbei, der Fluß »kippte um«, der Sauerstoff war verbraucht. Die Abwässer der am Fluß liegenden Zuckerrübenfabrik heizten den Fluß auf, und eine stinkende Suppe floß 30 Kilometer durchs Land ins offene Meer.

England mit seinen sauberen Gewässern im Norden war das Vorbild für den damals 50jährigen Nils Enbohm. Er hatte sich 1950 bei dem Hauptfeind des Nybroån, der Zuckerrübenfabrik, beworben und zog kurz darauf nach Nybrostrand, einer kleinen Gemeinde in der Nähe der Flußmündung, um. In seiner Position als Prokurist der Zuckerrübenfabrik trat er energisch und erfolgreich für den Bau von Kläranlagen ein. Außerdem entwickelte er mit einigen Freunden eine Art »Mähmaschine« für den Fluß, ein Floß, auf dem eine motorgetriebene Schere befestigt ist, die Algen und Gestrüpp entfernt.

1950 setzte Enbohm 10000 befruchtete Rogen aus, und 5 Jahre später wurde der erste Lachs gesichtet. Bis 1980 hatten ungefähr 6,5 Millionen Lachse den Nybroån verlassen. Nicht nur für Enbohm und seine Freunde war dies ein lohnender Einsatz, auch die Zuckerrübenfabrik partizipierte an ihrer vor über 30 Jahren erfolgten Investition; denn nach den heutigen schwedischen Umweltschutzgesetzen müßte sie das Fünfzigfache ihrer damaligen Ausgaben für eine Kläranlage aufbringen. Es bleibt zu hoffen, daß sich auch in Deutschland engagierte Leute wie der Schwede Nils Enbohm finden.

Chemische und bauliche Barrieren haben die Lachsflüsse dezimiert. Neue Gesetze und Verordnungen sollen helfen, wieder Lachse im Rhein springen zu sehen. Die Chance ist da, der Mensch sollte sie nutzen, ehe es fünf nach zwölf ist.

Die Lachsarten

Die *Lachsfamilie (Salmonidae)* besteht aus neun Gattungen mit etwa einem Dutzend Arten. Von Interesse für den Gourmet sind vor allem die Arten, die den Gattungen *Atlantik-Lachs (Salmo salar)* und *Pazifik-Lachs (Oncorhynchus)* angehören.

Die Vertreter der Art *»Salmo-trutta-Lachs«* und ihre Verwandten sehen dem Lachs täuschend ähnlich, unterscheiden sich allerdings häufig in Lebensweise, Größe und Färbung von ihm. Am ähnlichsten ist wohl die in Nord- und Ostsee beheimatete *Meerforelle (Salmo trutta)*, die aber nie die Größe eines Lachses erreicht.

Wie man Lachs und Meerforelle unterscheidet

Der Lachs hat 11 bis 13 Schuppenreihen zwischen Fettflosse und Seitenlinie. Sein Körper ist gestreckt, der Kopf im Verhältnis dazu klein und der Schwanzstiel schlank und länger als die Afterflosse. In den verschiedenen Altersstufen ändert sich seine Färbung.

Die Meerforelle hat 13 bis 19 Schuppenreihen zwischen

Fettflosse und Seitenlinie. Sie wirkt etwas plumper als der Lachs und hat im Verhältnis zum Körper einen größeren Kopf. Der Schwanzstiel ist kürzer und wirkt höher und zusammengedrückt, ist allerdings nicht länger als die Afterflosse. An der Färbung kann man die Meerforelle nicht vom Lachs unterscheiden, sie ist genauso unterschiedlich in den verschiedenen Altersstufen wie beim Lachs. Eine Unterscheidung nach reinen Geschmackskriterien ist ziemlich schwer, zumal dann, wenn auch der Fettgehalt identisch ist, wie das bei der Meerforelle aus der Ostsee mit über 14 Prozent beispielsweise der Fall ist.

Die Lachsforelle

Als dritte im Bunde der echten Salmo, der Lachsfische, präsentiert sich die Lachsforelle (lat. Salmo irideus gairdner). Jahrelang gab es Probleme mit der Bezeichnung. Die Unsicherheit über diesen Fisch hat sich daraus ergeben, daß die Lachsforelle aus der Regenbogenforelle entsteht.

Solange die Regenbogenforelle im Süßwasser lebt, ist sie eine typische, weitgehend bekannte Forelle, die bis zu einem Gewicht von maximal 800 Gramm herangezogen wird. Wenn dieser Fisch in der Zucht dann allerdings ins Salzwasser kommt, was er ursprünglich auch in freier Wildbahn tut, verändert sich sein Charakter. Hat die Forelle im Süßwasser lebensnotwendiges Salz aus dem Futter gezogen, um die richtige Konzentration von Salz im Blut aufrechtzuerhalten, so lebt sie in dem sie umgebenden Salzwasser in einem höheren Salzgehalt, als sie eigentlich im Blut hat.

Diese Lebensform, diese Veränderung bringt es mit sich, daß die Lachsforelle wesentlich schneller wachsen kann. Sie erhält im Verlauf weniger Wochen eine blanke Haut, und nach einigen Monaten färbt sich die ganze Rückenpartie blau bis türkis. Diese Farbe gab dem Fisch in den USA den Namen »Steelhead Salmon«.

Dänemark ist der größte Lieferant für die gezüchteten Lachsforellen. Sie werden dort aus strömungsreichen, sauberen Gewässern im Monat April in kleine Anlagen im Meer ausgesetzt, wo sie bis etwa Ende September bleiben und dann zwischen 2 und 5 Kilogramm schwer sind. Dann haben sie ihre appetitlich rote Farbe und einen ausgezeichnet schmeckenden Rogen, der schon lange als Dänischer Forellenkaviar in unseren Gefilden bekannt ist. Insgesamt hat die Lachsforelle ihr Gewicht um das Drei- bis Vierfache erhöht.

Anfang Oktober, gerade zu der Zeit, in der überall die Lachsfische sehr begehrt sind, kommt die Lachsforelle auf den Markt.

In Dänemark werden jährlich 4000 Tonnen Lachsforelle produziert, von denen allein 3700 Tonnen exportiert werden. Wichtigster Markt ist Japan, gefolgt von Frankreich, Belgien, Italien, Spanien, Schweden und der BR Deutschland.

Der Atlantik-Lachs

Der *Atlantik-Lachs* wird unter der Bezeichnung *Echter Lachs* oder *Salm* in den Handel gebracht und gilt als die beste aller Lachsarten. Er kann bis zu 40 Kilogramm schwer werden, allerdings wird normalerweise sein Höchstgewicht

15 bis 20 Kilogramm nicht übersteigen. Doch auch beim *Atlantik-Lachs* ist Lachs noch lange nicht gleich Lachs. Auf die Fanggründe kommt es an: Die Lachse aus irischen und schottischen Gewässern genossen lange Zeit beim Feinschmecker die höchste Achtung, gefolgt von *Ostsee-Lachs*, der in der Ostsee sowie vor den Küsten bzw. in den Flüssen Schwedens, Polens, Dänemarks und Deutschlands gefischt wird. Doch aus Norwegen, England, Irland, Grönland, Kanada und den USA kommen zuweilen akzeptable Qualitäten.

Welcher Wertschätzung sich der *Atlantik-Lachs* in diesem oder jenem Land bei den »Lachsophilen« erfreut, hängt nicht nur von seinen Familieneigenschaften ab, sondern auch von seiner Lebensweise, seinem Alter, der Qualität der Gewässer, in denen er lebt, und natürlich von seinem Futter.

Ostsee-Lachs

Je heller der Lachs ist, desto höher ist sein Fettgehalt und um so köstlicher sein Geschmack. Der *Ostsee-Lachs* hat eine hellrosa Farbe, sein Fettgehalt liegt im Schnitt immer über 14 Prozent. Es gibt Gourmets, die den *Ostsee-Lachs* sogar den schottischen und irischen Wildlachsen mit ähnlich hellem Fleisch vorziehen und die behaupten, daß letztere dem Lachs aus der Ostsee geschmacklich nicht das (Salz-)Wasser reichen können.

Bis zu Beginn des 18. Jahrhunderts wurde der *Ostsee-Lachs* ausschließlich in den Flüssen gefischt. Es wurde damals vorwiegend mit sogenannten Waden, das sind Riesenkammern aus Netzwerk, die an Pfählen in den Flußboden gerammt wurden, gearbeitet. Die Flußfischerei konnte sich bis zum Ende des Zweiten Weltkrieges behaupten, erst danach gewann die Küstenfischerei immer mehr an Bedeutung. Die heutigen Lachskutter der Ostseefischer sind 12 bis 24 Meter lang, die Besatzung besteht aus Koch, Maschinist und Bootsmann. Die Kutter haben einen Radius von 1000 bis 2000 Seemeilen und benötigen für eine Fangreise ca. 3 Tonnen Eis.

Gefangen wird in der Ostsee in zwei Perioden: Im Sommer mit sehr wenig Anlandungen und in der kälteren Jahreszeit mit guten Fangquoten. Die Durchschnittserträge der gesamten Lachsfischerei in der Ostsee belaufen sich zur Zeit auf ca. 2500 Tonnen pro Jahr, wovon nur noch 275 Tonnen im Fluß ins Netz gehen. Für ein Kilogramm *Ostsee-Lachs* müssen derzeit 44 DM gezahlt werden, ein recht hoher Preis, worin sich dessen Wertschätzung dokumentiert. Und der Feinschmecker zahlt gewissermaßen die exquisite Nahrung mit, Sprotten, Heringe und Stichlinge, die der Gourmet der Ostsee täglich verzehrt.

Die ergiebigsten Fänge werden vor der Insel Bornholm gemacht. Der Werdegang der Bornholmer Lachse beginnt im kristallklaren, sauerstoffhaltigen Wasser schwedischer Flüsse. In sanften Vertiefungen auf Kiesgrund reifen die orangefarbenen Eier, hier schlüpft und wächst der Lachs heran. Nach ca. 2 Jahren ist es dann soweit, der *Ostsee-Lachs* beginnt als Smolt seine Wanderung, immer der Nahrung hinterher.

Die Bornholmer Fischer machen mit ihren traditionellen Eichenbooten und modernsten Hilfsmitteln Jagd auf den edlen Lachs, wobei sie sich neun strenge Gebote auferlegt haben:

- ▷ Bornholmer Wildlachs darf nur aus Fanggründen rund um Bornholm stammen.
- ▷ Bornholmer Wildlachs muß frei und natürlich aufwachsen.
- ▷ Bornholmer Wildlachs darf nur auf Bornholm angelandet werden.
- ▷ Bornholmer Wildlachs muß nach dem Fang liegend auf Eisstreu transportiert werden.
- ▷ Bornholmer Wildlachs darf nicht kleiner als 60 Zentimeter sein.
- ▷ Jeder Bornholmer Wildlachs hat eine Plombe mit der Nummer des Fischkutters zu tragen, von dem er angelandet wurde.
- ▷ Nur die höchste Güteklasse darf als Bornholmer Wildlachs in den Handel kommen.
- ▷ Das Gütesiegel der Bornholmer Fischer kann nur dem Bornholmer Wildlachs verliehen werden.
- ▷ In den Sommermonaten wird die Schonzeit, abhängig von Wind, Wetter und Wassertemperatur, auf 6 bis 8 Wochen festgelegt.

Norwegischer Lachs
Die Färbung norwegischer Wildlachse ist etwas dunkler als beim *Ostsee-Lachs*, doch wann wird schon einmal ein norwegischer Wildlachs angeboten. Höchstens einem Angler mag es vergönnt sein, diesen leckeren Fisch norwegischer Fjorde zu genießen, denn 95 Prozent der norwegischen Lachse stammen aus den zahlreichen Fischfarmen.

Die Qualität der norwegischen Zuchtlachse ist überwiegend gut. Es gibt darunter sogar hervorragende Qualitäten, doch leider auch Farmen, die Großeinkäufern Musterkarten vorlegen, nach denen einzelne Farbabstufungen für den Lachs ausgewählt werden können. Die Beigabe von Farbstoffen und die Verwendung von Antibiotika als Prophylaxe gegen Krankheitserreger stoßen jedoch (nicht nur) in Norwegen auf zunehmende Kritik.

Schottischer Lachs

Lange Jahre spielte der schottische Lachs in Deutschland keine große Rolle. Dies lag nicht allein an den langen Transportwegen, auch der Preis war, bevor die Zuchtanstalten entstanden, auf dem deutschen Markt nicht realisierbar.

Schottischer Lachs ist, genau wie der Lachs aus Irland und der Ostsee, ziemlich hellfleischig. Die Qualität ist gut bis sehr gut. Allerdings stammt der heute angebotene schottische Wildwasserlachs überwiegend aus Zuchtbetrieben. Im industriearmen Schottland wurden die Zuchtfarmen durch staatliche Subventionen gefördert, was einen Boom schottischer Lachse auf dem europäischen Markt zur Folge hat. Früher konnten Lachsfischer aus Schottland ihren Fang nach Stückzahlen rechnen, jede Crew eines Fischkutters bekam für 100 gefangene Lachse eine Flasche Whisky. Sicherlich, die Produktion der Lachsfarmen in Schottland liegt mit ca. 8000 Tonnen weit unter den Zahlen norwegischer Zuchtanstalten, doch die Tendenz ist steigend.

Die Zeiten sind daher passé, daß sich hinter der Bezeichnung *»Scotch Salmon«* immer ein erlesener Luxusartikel verborgen hat. Dies gilt heute nur noch für den schottischen Wildwasserlachs aus den klaren Gebirgsbächen des Hochlandes, der jedoch immer seltener angeboten wird.

Irischer Lachs
Irischer Lachs, was Farbe und Qualität angeht, ist identisch mit dem schottischen Wildwasserlachs, wird wie dieser in einem relativ fettarmen Zustand gefangen und größtenteils sofort schockgefrostet. Der geringe Fettgehalt ist sehr wichtig für die Haltbarkeit. Bei Bedarf, ganz besonders zur Weihnachtszeit, wenn der Appetit auf geräucherten Lachs in der ganzen Welt am größten ist, wird die benötigte Menge aus dem Eis geholt und zubereitet, was der Qualität des irischen Wildlachses keinerlei Abbruch tut.

Der Preis für irischen wie auch schottischen Wildlachs liegt derzeit bei 36 DM pro Kilogramm. Eine Besonderheit bei geräuchertem Lachs aus Irland und Schottland ist das Räuchern mit Eichenholz anstatt des sonst üblichen Buchenholzes.

Island-Lachs
Trotz seiner ziemlich dunklen, roten Farbe hat der Island-Lachs einen ähnlich hohen Fettgehalt wie der Ostsee-Lachs. Island-Lachs ist wegen seiner Zartheit und seines wunderbaren Lachsgeschmacks bekannt. Da es sich bei ihm immer um wilden Lachs handelt, gefangen in der rauhen See vor der Insel, ist er eine besonders begehrte Delikatesse, gleichsam mit einem Gütesiegel. Bei uns ist er kaum erhältlich, denn die gefangenen Mengen sind recht klein. Wenn er doch hierzulande im Handel gesichtet wird, so wurde er in der Regel tiefgefroren auf die lange Reise von Island hierher geschickt, was der Qualität nicht gerade zuträglich ist.

Grönland-Lachs
Das Schlußlicht in der Qualitätsskala der Atlantik-Lachse bildet der Grönland-Lachs. Frisch ist er bei uns nicht erhältlich, überwiegend wird er eingesalzen exportiert. In den Verarbeitungsbetrieben muß der Grönland-Lachs daher zunächst einmal entsalzt werden, anschließend wird er meistens geräuchert. Sein Fettgehalt liegt in der Regel unter 14 Prozent.

Der Pazifik-Lachs

Gegenüber dem *Atlantik-Lachs* hat der *Pazifik-Lachs* durchschnittlich einen etwas geringeren Fettgehalt. Die Spitzenqualitäten unter den pazifischen Lachsen sind aber trotzdem schmackhaft und werden in weiten Teilen der Welt als besonders hochwertig eingestuft. Pazifik-Lachse kommen bei uns immer gefroren in den Handel oder werden hier geräuchert.

Fünf verschiedene Arten leben im Pazifik, die sich in Größe, Fleisch, Qualität und Farbe sowie im Geschmack unterscheiden. Diese Merkmale schränken von vornherein deren Verwendungsmöglichkeiten ein. Etwa 90 Prozent (ca. 700000 Tonnen) der Weltlachsfänge pro Jahr entfallen allein auf den Pazifik-Lachs. Diese große Menge drückt natürlich den Preis, der sich für das Kilogramm zwischen 14 und 18 DM bewegt.

Gefangen wird der Lachs (es ist fast immer Wildlachs) an der Westküste Amerikas, von Alaska bis Kalifornien, und an den Küsten Asiens vor Korea, Japan und Kamtschatka.

Red King

Der Red King, auch Chiemook-Lachs (USA) oder Spring (Kanada) genannt, ist nicht nur die größte Lachsart des Pazifiks, sondern auch qualitativ die hochwertigste. Der Name deutet bereits auf seine intensive rote Fleischfarbe hin. Das Fleisch ist zart, aber im Unterschied vom Atlantik-Lachs etwas weicher.

Verwendet wird der Red King hierzulande zum Braten, Grillen, Pochieren und Beizen, auch zum Räuchern eignet er sich und wird für diesen Zweck in Größen um die 3 Kilogramm verarbeitet. Die durchschnittliche Fanggröße liegt allerdings bei 10 bis 15 Kilogramm und 70 bis 90 Zentimetern.

Anzutreffen ist der Red King an der nordamerikanischen Küste von Alaska bis hinunter nach Kalifornien, vereinzelt auch an der asiatischen Küste, vor allem bei der Halbinsel Kamtschatka.

Silver

Nicht ganz so groß wie der Red King wird der Silver oder auch Coho. Er ist qualitativ die Nummer zwei im Pazifik; die Palette seiner Fleischfarbe reicht von Hellrosa über Hellrot bis Rot. Aufgrund seiner geringeren Fanggröße, das Durchschnittsgewicht beträgt 3,5 bis 4 Kilogramm, hat er auch eine gewisse Bedeutung als Frischfisch. Zum Räuchern eignet er sich ebenfalls und ist im bundesdeutschen Handel sehr stark vertreten.

Etwa 90 Prozent der Fänge gehen auf das Konto der Fischer an den pazifischen Küsten Nordamerikas und Kanadas. Die restlichen 10 Prozent werden auf der asiatischen Seite gefangen.

Chum
Der Chum- oder auch Keta-Lachs beschert uns eine breite Qualitätsskala, die durch Fanggebiete, Fangzeiten und -arten stark beeinflußt wird. Die Fleischfarbe der Chum-Lachse zeigt große Unterschiede, von fast Weiß bis Cremig-Gelb, von Hell-Rosa bis Rot.

Der Silverbright oder Bright hat eine glänzende silberne Haut und ist unter den Chum-Lachsen der hochwertigste. Dieser Lachs wird als preiswertere Qualität auch noch zum Räuchern verwendet und ist allgemein als Standardlachs in hiesigen Küchen bekannt. Sein Fleisch ist etwas trocken. Er eignet sich für die Verarbeitung zum gebeizten Lachs, obgleich auch für diesen Artikel hochwertige Lachse eine bessere Geschmacksqualität gewährleisten.

Ihm folgt in der Qualitätsabstufung bei den Chum-Lachsen der Semibright, der eine weniger silbrigglänzende Haut und einige rötliche Wasserzeichen hat.

Ganz unten auf der Skala steht der Dark-Chum, ein Lachs mit dunkler Haut, der von qualitätsbewußten Räuchereien nicht verarbeitet wird.

Chum-Lachse werden hierzulande ausgenommen und ohne Kopf angeboten, ihr Durchschnittsgewicht beträgt 3 bis 9 Kilogramm. Als besondere Delikatesse der Chum- oder Keta-Lachse wird der Rogen geschätzt: Keta-Kaviar erfreut sich nicht nur als Garnitur auf gekochten Eiern immer größerer Beliebtheit.

Die Fanggründe der Chum-Lachse befinden sich längs der asiatischen Küste, im Süden bis Korea oder Nord-Japan, im Norden bis zur Lena-Mündung und an der amerikanischen Küste von den arktischen Regionen bis San Franzisco.

Pink-Lachs

Man nennt ihn auch Buckellachs, da er während der Laichzeit außer dem Hakenkiefer auch einen Buckel bekommt. Der Pink-Lachs ist der kleinste unter den Pazifik-Lachsen und wird nur ca. 3 Kilogramm schwer. Sein Fleisch ist blaßrosa mit wenig ausgeprägtem Aroma.

Pink-Lachse legen beim Laichen etwa 1500 Eier ab, aus denen bereits nach 120 Tagen die Larven schlüpfen. Er eignet sich zwar zum Braten, Grillen und Pochieren, doch im Handel ist er weniger gefragt. Seine hauptsächliche Verwendung findet er in der Konservenindustrie Kanadas. Hierzulande ist Pink-Lachs auch als Räucherware auf dem Markt, insbesondere als vorgeschnittene SB-Ware in der unteren Preiskategorie. Die Qualität läßt sich als minderwertig einstufen, was leider letztendlich viele Verbraucher davon abhält, ein zweites Mal Räucherware zu verkosten. Der Pink-Lachs lebt an der Westküste der USA und Kanadas und ist auch an der asiatischen Küste anzutreffen.

Sockeye

Sockeye, auch als Red Salmon oder Blaurücken bekannt, wird hauptsächlich als Rohware für die Konservenindustrie gefangen. Die Fische laichen nur in Seen, schwimmen also nur Flüsse hinauf, die von einem See ihren Ausgang nehmen. Er ist der schlankste unter den Pazifik-Lachsen und hat eine tiefrote Farbe.

Der Sockeye erreicht eine Größe bis zu 60 Zentimetern und ein Gewicht um die 6 Kilogramm. Er wird sowohl an der amerikanischen als auch an der asiatischen Küste gefangen.

In Norwegen oder Schottland gefangen, kommt der Lachs in der Frischeisverpackung zur weiteren Verarbeitung in die Räucherei. Die Kunst des Räucherns beginnt mit dem Filetieren und Würzen der Lachsseiten. Die fein abgestimmte Komposition von würzigem Rauch und optimaler Temperatur bringt dann die ganze Geschmacksfülle des Lachses zur Entfaltung. Auch geräucherter Lachs schmeckt möglichst frisch natürlich am besten.

Manche Feinschmecker bevorzugen die
»Jäger des Meeres« statt geräuchert lieber durch Beizen gegart.
Dabei bleibt es jedem Lachsliebhaber überlassen,
welche Mischung aus Kräutern und Gewürzen er bevorzugt.
Das Schöne an dieser Form der Zubereitung ist,
daß gebeizter Lachs raffiniert schmeckt und einfach
zuzubereiten ist.

Unerschöpflich sind die Rezeptideen rund um den frischen Lachs. Man kann Lachs wie Bündner Fleisch an der Sonne trocknen, man kann ihn mit Dill einlegen. Man kann ihn einsalzen, über Feuer von Wacholder-, Buchen-, Erlen-, Eichenholz räuchern. Lachs wird gekocht, pochiert, gedämpft, geröstet, gebraten und gebacken.

Fangmethoden und Fangzeiten

Lachse werden hauptsächlich vor ihrer Wanderung zu den Laichplätzen gefangen, und zwar entweder vor den Küsten oder in den Buchten und Flußmündungen. Drei verschiedene Möglichkeiten, den wertvollen Fisch zu erbeuten, unterscheidet man:

▷ Fang mit der Angelleine: Eine mehrere Kilometer lange Leine, alle 3 Meter mit Haken versehen, wird mit Ködern bestückt. Eine etwas veraltete Methode, deren Ausbeute dementsprechend ist.
▷ Fang mit dem Treibnetz: Hierbei wird ein Netz zwischen eine oder mehrere Bojen gespannt. Für diese Art des Lachsfischens sind bestimmte Maschengrößen vorgeschrieben, damit Junglachse durchschlüpfen können.
▷ Fang mit dem Schleppnetz: Bei dieser Methode wird ein Netz von einem Lachskutter, ausgerüstet mit modernsten Geräten, geschleppt. Das Fischen mit einem Schleppnetz nennt man auch pelagisches Fischen, d.h. »im freien Wasserraum«, es ist die ergiebigste Art, Lachse zu fangen. Auch hier sind die Maschengrößen vorgeschrieben. Der Nachteil bei dieser Methode: Lachse können sehr leicht Druckstellen aufweisen und eignen sich dann weniger zum Räuchern.

Kanada und die USA haben die stärksten Auflagen beim Lachsfang, z.B. werden elektronische Zählungen vorgenommen, um festzustellen, wie viele Lachse in die Flüsse einschwimmen. Nach diesen Zählungen werden die Fangtage oder Fangstunden festgesetzt.

Bei den Fangzeiten, die recht unterschiedlich sind, spielen die Wassertemperaturen eine nicht unerhebliche Rolle. Hauptsächlich wird jedoch im Winterhalbjahr gefangen, hier und da auch im Sommer.

Atlantik-Lachse, z.B. aus Norwegen, Schottland, Island, Irland und der Ostsee, sind bei uns in den Fangzeiten frisch im Handel, während Pazifik-Lachse nur gefrostet in den Handel kommen. Zuchtlachse haben immer Saison, sie sind das ganze Jahr über erhältlich.

Durch die vielen Schonzeiten und Fangbeschränkungen zur Erhaltung der wertvollen Wildlachse in vielen Ländern gewinnt der Farmlachs jedoch immer mehr an Bedeutung.

Vom edlen Salmo salar, z.B. dem Ostsee-Lachs, bis zum konservenfüllenden Sockeye, zur Gattung der Oncorhynchus gehörig, jede Lachsart hat ihre Verwendung. Und jede Lachsart bleibt unter sich, sie bleibt »sauber«: Mischehen unter Lachsen gibt es nicht.

Lachszucht

Der Atlantik-Lachs ist auf dem rasanten Weg zum Haustier. In Europa werden heute bereits rund 90 000 Tonnen Farmlachs im Jahr produziert, d.h. zehnmal soviel wie in unseren Breiten an Wildlachs gefangen wird. Einsam an der Spitze der Zuchtlachs produzierenden Länder steht Norwegen mit derzeit 74 000 Tonnen. Es folgen auf den nächsten Plätzen Großbritannien (ca. 14 500 Tonnen), Irland (ca. 2210 Tonnen), Spanien (ca. 220 Tonnen) und dann schon weit abgeschlagen Italien, Finnland und Schweden mit jeweils ca. 50 Tonnen Farmlachs.

Norwegen und seine Lachszucht

Norwegen, Lachsproduzent Nr. 1 mit ca. 750 Zuchtfarmen, liefert mehr als 80 Prozent der europäischen Gesamterzeugung, was zu Exporteinnahmen von mehr als 500 Millionen DM führt. Die meisten der herrlichen norwegischen Fjorde liegen voll mit den Netzkäfiganlagen, in denen die Lachse gemästet werden.

Die ersten Anlagen für den Schlupf von Lachsen und

Forellen wurden bereits um 1850 in Norwegen in Betrieb genommen, hatten aber damals noch die Zielsetzung einer Stärkung der natürlichen Fischbestände in Seen und fließenden Gewässern.

Gegen Ende des vorigen Jahrhunderts wurde die Regenbogenforelle nach Europa eingeführt und die erste Anlage für ihre Aufzucht in Norwegen um 1910 erbaut. Doch erst 1960 kam der wirkliche Durchbruch, als man damit begann, Regenbogenforellen ganzjährig in Seeanlagen zu halten. Mit diesem Erfolg war der Grundstein für die norwegische Fischaufzucht als bedeutender Wirtschaftszweig gelegt. Mit der eigentlichen Lachsaufzucht begann man Ende der 60er Jahre; Anfang der 70er Jahre war man gerade bei 98 Tonnen Zuchtlachs angekommen, danach ging es dann steil bergauf.

Denn Norwegen mit seinen buchten-, insel- und fjordreichen Gewässern bietet sich für die Lachszucht geradezu an, die naturgegebenen Voraussetzungen sind ideal. Nicht zuletzt spielt auch das reichlich vorhandene, wirklich reine Wasser eine bedeutende Rolle. Durch das Einwirken des Golfstromes sind große Teile der norwegischen Küste das ganze Jahr hindurch eisfrei, nur lokal mögen Eisprobleme schon einmal auftreten, verursacht durch starken Fluß von Süßwasser in Kombination mit großer Kälte. Außerdem gibt es in Norwegen noch verhältnismäßig große Wildlachsbestände in den Flüssen als Zuchtbasis sowie eine breite und kostengünstige Fütterungsgrundlage aus der Seefischerei.

Die Pionierphase in Norwegen

Nachdem den Brüdern Grøntvedt auf Hitra an der mittleren norwegischen Küste Anfang der 70er Jahre ein wirklicher Volltreffer bei der Aufzucht von Lachsen gelang, wurden viele ernsthaft vom »Lachszuchtfieber« gepackt.

Die Anlage der Brüder Grøntvedt war eigentlich recht primitiv gebaut, sie bestand aus drei achteckigen Aufzuchtbehältern, deren einzelne Teile mit Hilfe von Autoreifen und Transportgummi zusammengehalten wurden. In Kombination mit Schwimmern aus Styropor wurde eine sanfte Bewegung der Schwimmeinheit im Wasser gewährleistet. An den schwimmenden Rahmen von ca. 13 Metern Durchmesser wurde ein Netzbehälter befestigt, der 4 Meter tief in das Wasser hineinreichte. Der ganze Aufzuchtbehälter hatte ein Volumen von ungefähr 500 Kubikmetern.

Die ersten Zuchtlachse konnten, was die Qualität betraf, nicht mit Wildlachsen mithalten. Sie waren einfach zu fett, was ausschließlich mit dem verwendeten Futter zusammenhing. Dieses bestand damals hauptsächlich aus gemahlenen Heringen. Heute verspeisen die Aufzuchtlachse überwiegend Trockenfutter, die sogenannten *Pellets*, das in der Regenbogenforellenzucht erprobt und bewährt ist. Pellets enthalten Fischmehl, Fischöl, Kohlehydrate – vor allem Weizenkleie –, 15 Vitamine und 10 Mineralstoffe.

Das Vorbild der Brüder Grøntvedt machte Schule. Es mangelte keineswegs an Kapital, mit dem notwendigen Fachwissen war es jedoch meist schlechter bestellt. Beim Bau von Aufzuchtbehältern war der Erfindergeist grenzenlos, doch die meisten Neuzüchter unterschätzten die Kräfte, die Wettergötter mitunter loslassen, besonders während des Winterhalbjahres. Viele der Anlagen havarierten, weil die tragenden Schwimmkonstruktionen und die Vertäuung zu schwach waren.

Doch man ließ sich dadurch nicht entmutigen, es entstanden entlang der norwegischen Küste immer neue Anlagen, wovon einige in besonders günstiger Lage errichtet wurden, mit gutem Schutz vor Wind und Wetter und mit einer hohen Wasserauswechselung. Mehrere Anlagen wurden in der Nähe bereits vorhandener Fischzuchtbetriebe errichtet, andere wiederum im Anschluß an Fuchs- und Minkfarmen, welche so ihre Wirtschaftlichkeit steigerten. In den abgelegenen Gebieten Norwegens, die unter Entvölkerung aufgrund des Rückgangs von Küsten- und Hochseefischerei litten, sahen die zuständigen Behörden die einmalige Chance einer Stärkung der Wirtschaftsgrundlage durch gezielte Lachsaufzucht.

Es machte sich allerdings bald ein Mangel an Setzfischen bemerkbar. Auch Probleme mit der Qualität der zugänglichen Lachsstämme traten auf, denn wenn der Lachs als Speisefisch interessant sein soll, so muß er, nachdem er in einer Größe von bis zu 18 Zentimetern im Aufzuchtbehälter ausgesetzt wird, dort 18 bis 24 Monate verbleiben. Erst nach dieser Zeit erreicht er ein Gewicht von über 3 Kilogramm, was nun einmal Voraussetzung für einen optimalen Preis ist. Häufig zeigte es sich jedoch, daß der Lachs bereits nach einem Jahr im Seewasser und bei einem Gewicht von 1 bis 2 Kilogramm geschlechtsreif wurde.

In dieser Phase kam den Züchtern nun die wissenschaftliche Forschung zu Hilfe. Lachse verschiedener Stämme wurden auf Schnellwüchsigkeit und möglichst späte Geschlechtsreife getestet. Eine Reihe von Versuchen wurde durchgeführt, um herauszufinden, inwieweit die Zusammensetzung von Fett, Proteinen, Karbohydraten und Vitaminen in Futtermischungen das Resultat beeinflussen. Auch das Milieu in Aufzuchtbehältern wurde Gegenstand von Untersuchungen, u.a. wurden Form, Volumen, Maschenweite, Wasserdurchfluß und Wasserauswechselung im Netzbehälter geprüft.

Für den Aussatz fertige Jungfische verschiedener Lachsstämme wurden entlang der Küste auf verschiedene Zuchtanlagen im Süden und Norden Norwegens verteilt, damit das Ausgangsmaterial für die einzelnen Anlagen das gleiche war. Es stellte sich heraus, daß selbst wenn die Qualität des Fischfleisches im Norden und Süden gleich gut war, die Temperaturverhältnisse im Laufe eines Jahres doch von eminenter Bedeutung für das erzielte Durchschnittsgewicht der aufgezogenen Fische bis zum Schlachten waren.

Nachdem in Norwegen neue Anlagen in Betrieb genommen wurden, darunter einzelne Großanlagen mit einem Flächenausmaß von bis zu 52 000 Kubikmetern, fand man es an der Zeit, neue Gesetze zu erlassen, die auch eine bessere Kontrolle der einzelnen Betriebe ermöglichten. Den großen Gewinnen einzelner Fischzüchter standen schwerwiegende Probleme gegenüber, die eine Genehmigungspflicht unumgänglich machten. Verunreinigungen und Fischkrankheiten nahmen seinerzeit überhand.

Bereits vorhandene Anlagen wurden registriert und ihre Maximalgröße auf 8000 Kubikmeter festgelegt. Die wenigen Neuanlagen, die bisher in der Folgezeit zugelassen wurden, haben als obere Grenze eine Größe von 5000 Kubikmetern. Sicherlich ein vernünftiger Schritt der Behörden Norwegens, der zu einer wesentlichen Qualitätssteigerung norwegischer Zuchtlachse in den letzten Jahren beigetragen hat. Mitte 1988 gab es insgesamt 747 Fischfarmen in Norwegen (davon produzierten 659 Anlagen Setzfische).

Innovationen in der Aufzuchttechnologie
Viele Fischfarmer in Norwegen modernisierten zu Beginn der 80er Jahre ihre Anlagen. Jahre guter Gewinne ermöglichten es, Holz durch Stahl, Aluminium oder PVC-Plast zu ersetzen. Auch die Datentechnik wurde verstärkt eingesetzt, besonders bei der Fütterung und Überwachung. Trokkenfutter mit 10 Prozent Wassergehalt ersetzte das bisher übliche Naßfutter mit 80 Prozent Wassergehalt. Auch die Zufuhr von Sauerstoff wurde für ein besseres Aufzuchtmilieu eingesetzt.

Um auch die Absatzqualität zu steigern, vertraten die Züchter ihre Interessen durch Berufsorganisationen. Durch eine eigene Verkaufsorganisation erreichten sie eine Konzentration des Erstumsatzes und bestimmten 70 anerkannte Aufkäufer in ganz Norwegen. Dank der Qualität, die sie produzierten, hat der Lachsabsatz enorme Steigerungen erfahren.

Stellvertretend für die vielen ausgezeichneten Anlagen sei hier nur eine der modernsten Anlagen Norwegens genannt, Simo Havlaks A/S, in der Nähe von Trøndelag im mittleren Norwegen beheimatet.

Die Anlage hat eine Jahresproduktion von 165 Tonnen Lachs. Das Personal besteht aus sieben ganzjährig beschäftigten Personen. Die Lachsaufzuchtanlage hat eine klimatisch und topographisch günstige Lage, denn der nächste Flughafen ist nur 20 Kilometer entfernt.

Die Seewassereinheiten bestehen ganz aus rostfreiem Stahl mit gleitsicheren, beweglichen Gangstiegen. Die Seiten der quadratischen Behälter sind außen 13 Meter lang, und die Netzbehälter reichen 3 Meter tief ins Wasser. Die normale Fischdichte ist bei ausgewachsenen Fischen 20 bis

30 Kilogramm je Kubikmeter, die Anzahl der Setzfische beträgt je Behälter 10 000 bis 15 000. Früher wurde dort mit der Hand gefüttert, heute werden in der Regel Maschinen eingesetzt.

Unterwasserbeobachtungen mit Videokameras in einer Versuchsanlage in der Nähe von Bergen haben gezeigt, daß ein großer Teil der Fische nie im Sichtbereich erscheint, sondern in der dunklen Tiefe des Netzes bleibt. Mit Hilfe eines Echolotes kann man neuerdings die Futtermenge so dosieren, daß zwar Futter in die unteren Teile des Netzbeutels sinkt, wo die scheuen Lachse schwimmen, jedoch nichts durch den Boden des Netzbeutels auf den Meeresgrund. Mit dieser Ortung der Trockenfutterpellets läßt sich eine optimale Futterrate erzielen. Gleichzeitig wird die Anhäufung von Fütterungsresten auf dem Meeresboden verhindert, was bisher zur Fäulnisschlammbildung führen konnte, mit der schlimmen Folge, daß durch den Aufstieg der hochgiftigen Gase in den Netzkäfigbereich bisweilen tödliche Erkrankungen der Lachsbestände zu beklagen waren.

Frankreich – größter Importeur norwegischer Zuchtlachse

Über Zweidrittel der Weltproduktion intensiv aufgezogener Lachse werden im Land der Fjorde, in Norwegen, erzeugt. Insgesamt 44 060 Tonnen frischen und gefrosteten Lachs exportierte Norwegen 1987 in 23 Länder dieser Erde und versandte mehr als 1000 Tonnen geräucherten Lachs. Deutschland, die Nr. 4 in der norwegischen Lachsexportliste, importierte 1987 insgesamt 9173 Tonnen frischen oder gefrosteten Lachs; davon allein 4715 Tonnen aus Norwegen, das sind weit mehr als 50 Prozent.

Die wichtigsten Importländer der norwegischen Zuchtlachse (1987)

Frankreich	11 424 Tonnen
USA	8 424 Tonnen
Dänemark	7 903 Tonnen
BR Deutschland	4 715 Tonnen
Schweden	2 052 Tonnen
Spanien	1 993 Tonnen
Großbritannien	1 642 Tonnen
Japan	1 553 Tonnen
Belgien	1 451 Tonnen
Schweiz	1 137 Tonnen
Niederlande	868 Tonnen
Italien	496 Tonnen

Lachs – Made in Germany

Seit 1988 gibt es auch in der Bundesrepublik eine erste Zuchtanlage für Lachse. Ihr Standort: Schleswig-Holstein, in der Gemeinde Quern bei Schleswig.

Mit einem Kostenaufwand von über 15 Millionen DM wurde sie nach den neuesten Gesichtspunkten mit dem Know-how norwegischer Fischzüchter erstellt. Die Planung sah eine Bestückung mit 250 000 Setzlingen für April 1989 vor, die ein Jahr später ein geschlechtsreifes Gewicht von 2,5 bis 3 Kilogramm haben sollen. Die anfängliche Produktion soll 700 bis 800 Tonnen jährlich betragen und dann bei Bedarf gesteigert werden. Die Hoffnung, daß durch diese Anlage der Lachs in der Bundesrepublik preiswerter werden könnte, sollte man aber getrost fallenlassen, im Moment jedenfalls, denn die Verkaufspreise werden sich am allgemeinen Markt orientieren.

Erste Lachsfarm in den USA

Nicht überall in der Welt konnten bisher Lachsfarmen Fuß fassen. Bis vor kurzem war es in den USA, insbesondere im Bundesstaat Alaska, dem größten Produzenten von Wildlachs, verboten, Lachsfarmen zu errichten; diese waren angesichts der ausreichenden Fänge der amerikanischen Lachsfischer schlichtweg überflüssig. Lediglich Brütungsanstalten zur Aufzucht von Junglachsen als Besatzfisch waren erlaubt, hauptsächlich, um den Bestand an Wildlachsen zu sichern.

Als erste Zuchtanlage an der Westküste der USA hat nun allerdings seit 1988 die Farm »Silver King Oceanics Farms« eine Genehmigung bekommen. In dieser Farm werden Atlantik-Lachse aufgezogen. Jährlich sollen dort 1000 Tonnen Lachs produziert und auf dem amerikanischen Markt angeboten werden.

Und noch etwas Neues aus den USA: Die Amerikaner bringen gemeinsam mit den Chilenen einen Farbstoff auf den Markt, der die Rotfärbung der Lachse fördern soll. Es ist daher zu erwarten, daß es bald den Lachs in genau der Färbung gibt, die sich der Käufer wünscht. Sicher, der Stoff, aus dem die Farben sind, ist aus Hefe isoliert und damit natürlich, doch es ist zu bezweifeln, ob ein rötlich eingefärbter Zuchtlachs den Geschmack schottischer Wildlachse vermittelt.

Immerhin dürfte dieser Farbstoff weniger bedenklich sein als die vielerorts praktizierte Einfärbung des Fischfleisches mit synthetischen Karotinen, denn wer leistet sich schon als Züchter noch den Luxus, dem Lachsfutter karotinhaltige Krebse beizumischen?

Lachs – Brathähnchen der Zukunft?

Schon vor 100 Jahren betrachtete der englische Naturhistoriker Frank Buchland in seinem Buch »Fischerbrütung« alle Meere als eine Art Farm und sprach regelmäßig von der Nordsee als der »großen Fischfarm«. Weiter schreibt er: »Die menschliche Rasse spricht immer von Landwirten und Landbauern, sie scheint jedoch völlig den zweiten Teil ihres Privilegs – die Nutzbarmachung der Erde – vergessen zu haben. Sie haben keine Mühen unternommen, den größten Teil der Welt, die Gewässer, zu kultivieren, denn wer hat schon je von einem Wasserwirt oder Wasserfarmer gehört?«

Als erste haben die Norweger erkannt, wieviel Geld auf der »Wasserstraße« liegt. Lachsfarmen produzieren von Jahr zu Jahr mehr Lachse. Andere Länder sind dem norwegischen Beispiel durch Aufbau eigener Zuchtanlagen gefolgt. Das Ergebnis war ein Preisverfall durch Zuchtlachsüberproduktion, was den weniger wählerischen Gourmet freut, bei Züchtern und Lachsverkäufern jedoch die Alarmglocken schrillen läßt.

Und es soll noch besser bzw. schlimmer werden, je nach Interessenstandpunkt: Bereits für das Jahr 1990 wird eine Lachsproduktion von insgesamt mehr als 150 000 Tonnen prognostiziert.

Lachs – auf dem Weg zum Konsumfisch

Was der Durchschnittsverbraucher über den Lachs denkt, versuchte jüngst ein bekanntes Marktforschungsinstitut zu ergründen. Das Ergebnis war alles andere als überraschend:

▷ Den relativ preiswerten pazifischen Buckel- und Rotlachs, der in Alaska und Kanada hauptsächlich zu Konserven verarbeitet wird, sieht der Verbraucher als ein völlig anderes inferiores Produkt als den frisch vermarkteten Lachs an.

▷ Zwischen den verschiedenen teuren Lachsarten aus der Gruppe der Atlantik-Lachse unterscheidet der Verbraucher im allgemeinen nicht. Die pazifischen Red King und Silver ähneln geräuchert oder gebeizt und auch als Steak den entsprechenden Verarbeitungsformen des Atlantik-Lachses. In manchen Ländern wird sogar die Meerforelle als Substitut für hochwertigen Lachs angesehen.

▷ Für den Durchschnittsverbraucher ist der Lachskonsum bisher ein gewisses Ritual. Lachs wird nicht schlicht als Nahrungsmittel verspeist, sondern auch aus Prestigegründen.

Lachsimporte der BR Deutschland seit 1980

1980	4353 Tonnen	–
1981	3677 Tonnen	– 15,5 Prozent
1982	4278 Tonnen	+ 16,3 Prozent
1983	5268 Tonnen	+ 23,1 Prozent
1984	5503 Tonnen	+ 4,5 Prozent
1985	6144 Tonnen	+ 11,6 Prozent
1986	7369 Tonnen	+ 19,9 Prozent
1987	9173 Tonnen	+ 24,5 Prozent

Im Westen also nichts Neues, der Lachskenner und -liebhaber bleibt unter seinesgleichen, der Preis bleibt damit konstant hoch. Doch die Zahlen sprechen eine andere

Sprache. Preisvergleiche seit 1975 zeigen, daß der Lachs sich langsam zum Konsumfisch entwickelt. Aber warum auch nicht? Es wäre doch schade, wenn der Lachs nur aus Prestigegründen verzehrt würde und nicht um seiner Qualität und Schmackhaftigkeit willen.

Es ist kaum zu glauben, daß ein preiswerter Lachs den Feinschmecker davon abhält, ihn zu verzehren. Nur zu differenzieren wird der Gourmet genau wissen, denn Lachs ist eben nicht gleich Lachs.

Wildlachs contra Zuchtlachs

Schon allein im Preis wird es auch in Zukunft Unterschiede zwischen Wild- und Zuchtlachs geben, das ist gewiß. Sicher, es gibt Wildlachse von herausragender Qualität, an die kein Zuchtlachs heranreicht, doch nicht jeder Wildlachs muß besser als der Zuchtlachs sein. Schließlich ist der Pazifik-Lachs immer ein Wildlachs, auch wenn er in der Konservendose landet.

Echter Wildlachs ist und bleibt eine seltene Spezialität, wenn er vom Atlantik-Lachs stammt. Sein Plus ist das festere Fleisch, denn Wildlachse sind immer auf Achse. Er reist Tausende von Seemeilen, frißt nur das, was ihm schmeckt und hat auf Grund dieser Lebensbedingungen ein ausgeprägtes Muskelfleisch und einen aromatischeren Geschmack. Sein Nachteil ist: Er ist wesentlich teurer und nur zu bestimmten Zeiten frisch erhältlich.

Der Zuchtlachs lebt in abgeschotteten Fjorden und Flußarmen. Das Futter wird ihm vom Menschen zugeteilt. Sein Bewegungsraum ist begrenzt, daher kann sich das Fleisch nicht so gut wie beim Wildlachs entwickeln, und es ist manchmal sehr blaß. Farbzusätze können über die Struktur des Lachsfleisches nicht hinwegtäuschen, dem Fleisch fehlen die Muskeln. Sein Vorteil ist, daß er das ganze Jahr über zur Verfügung steht und durch ständig neue Forschungsergebnisse immer bessere Qualitäten erzielt werden.

Gezüchtete Lachse sind, wenn sie geräuchert werden, praktisch kaum von den geräucherten Wildlachsen zu unterscheiden, da sind sich die Experten so ziemlich einig. Hier kommt es dann nur noch auf die Methode des Räucherns an.

Wer zuerst kommt, mahlt zuerst. Norwegens »Zuchtlachsmühle« war die erste und mahlt am besten. Auch in den nächsten Jahren wird sie es bleiben, der Vorsprung ist riesengroß. Auch wenn durch Lachsüberproduktion, durch Aquafarming, immer mehr dieser prachtvollen Burschen gezüchtet werden, Gourmets wissen, daß Lachs nicht gleich Lachs ist. Und auch der Zuchtlachs bester Qualität wird immer seinen hohen Preis haben.

Gesund durch Lachsgenuß

Der Schöpfer nötigt den Menschen zu essen, um zu leben. Er fordert ihn durch Appetit dazu auf und belohnt ihn durch das Vergnügen, das er dabei empfindet«, so schrieb Anthelme Brillat-Savarin in seinem Buch »Physiologie des Geschmacks«. Sicher, Vergnügen ist eine schöne Sache, eine andere ist, wenn die Wahrheitsmaschine (sprich: Waage) ein zu hohes Gewicht anzeigt. Dem vorzubeugen, hilft eigentlich nur eine Devise: »Ernähre dich richtig.« Hierzu gehört das Wissen um die Nährstoffzusammensetzung und die Bevorzugung solcher Lebensmittel, die bei geringem Kaloriengehalt viel tierisches Eiweiß enthalten. Und der Lachs gehört nun mal zu diesen wertvollen Lebensmitteln.

Lachs – der Eiweißträger

Wichtigster Bestandteil des Lachsfleisches ist das Eiweiß. Lachs ist konzentrierte Eiweißnahrung, denn bis zu 20 Prozent des rohen Produktes bestehen aus reinem Eiweiß. Lachseiweiß ist zudem noch von besonderer Art: »Lachsproteine, wie auch die aller anderen Fische, enthalten sämtliche lebensnotwendigen Aminosäuren und sind daher ebenso vollwertig wie die Eiweißgemische der Milch, der Eier und der Muskulatur der Warmblüter«, so Professor H. Wenderoth, Chefarzt der Medizinischen Klinik der Städtischen Krankenanstalten Dortmund.

Fischfett – Prädikat: Besonders wertvoll

Alle Fische unterscheidet man nach ihrem Fettgehalt in Fett- und Magerfische. Praktisch fettfrei ist die Muskulatur bei Dorsch, Schellfisch und einigen anderen Seefischen. Zu den Fettfischen gehört u.a. der Lachs, der in seinem Muskelfleisch bis zu 26 Prozent Fett enthält und deshalb über einen sehr hohen Nährwert verfügt. Lachsfett ist wegen des hohen Gehaltes an ungesättigten Fettsäuren besonders wertvoll. Dazu Professor Wenderoth: »Der beträchtliche Grad der Sättigung drückt sich in den hohen Jodzahlen der Lachsöle aus.«

Jod aber braucht der Mensch, um stets körperlich und geistig fit zu bleiben. Hinzu kommt die Annahme, daß Lachsfette sich aufgrund ihrer speziellen Eigenschaften zur Verhütung von Arteriosklerose, der weitverbreiteten Gefäßkrankheit, eignen. Der schon als Kind verabscheute Lebertran und die in den letzten Jahren in den Handel gekommenen Lachsölpräparate zeugen vom Glauben der Menschen an eine Gesundheitsvorsorge durch Fischfettgenuß. Fett ist also nicht gleich Fett. Omega 3 heißt die Zauberformel der wertvollen Fettsäuren beim Lachs, die gesunden Genuß verspricht.

Lachs – viele Vitamine, wenig Natrium

Lachs ist reich an wichtigen Spurenelementen. Kalium, Magnesium, Phosphor und Kalzium, die der Mensch mit seiner Nahrung zu sich nehmen muß, um gesund zu bleiben, sind im Lachs enthalten. Er enthält außerdem reichlich Vitamin B_{12}, das als blutbildender Faktor des tierischen Eiweißes unentbehrlich ist. Unter den fettlöslichen Vitaminen sind A und D hervorzuheben, die im Körperfett aller Fische und in den Leberölen in großer Konzentration vorhanden sind.

Eisen enthält der Lachs, wie auch alle anderen Fischarten, in nur ganz geringem Maße, obwohl Jahrzehnte hindurch selbst von der Wissenschaft etwas anderes vermutet wurde: Kochsalz. Obwohl der Lachs in der »salzenen See« lebt, ist sein Fleisch nicht salzhaltiger als das der Warmblüter. Lachse, die ins Meer ziehen, scheiden nämlich das mit Meerwasser und Nahrung aufgenommene Kochsalz durch die Kiemen wieder aus, so daß Körpergewebe und Körpersäfte relativ natriumarm bleiben. Das macht den Lachs besonders wertvoll für jede Diät, die eine salzarme Kost voraussetzt.

Nährwerttabelle ausgewählter Lebensmittel (100 g)

Lebensmittel	Kalorien	Joule	Eiweiß	Fett	Cholesterin
Lachs	217	909	20 Gramm	14 Gramm	55 Milligramm
Hering	222	929	18 Gramm	15 Gramm	85 Milligramm
Roastbeef	254	1063	16 Gramm	19 Gramm	70 Milligramm
Lachs (Dose)	178	745	21 Gramm	9 Gramm	–

Auch ein Gourmet kann in seinem Leben ja durchaus in die Lage kommen, aus gesundheitlichen Erwägungen natriumarme Kost zu sich nehmen zu müssen. Die teilweise geschmackliche Eintönigkeit der natriumarmen Kost kann durch Gerichte rund um den Lachs wesentlich verbessert werden. In den meisten Diätvorschriften wird Lachs aus der natriumarmen Diät ausdrücklich verbannt. Das Vorurteil, Lachse könnten wegen ihres angeblichen Kochsalzreichtums keinen Platz in der natriumarmen Diät beanspruchen, wird heute durch Hinweise auf den Mineralhaushalt und durch Natriumanalysen entkräftet. Als hochwertiger Eiweißträger und als geschmackliche Abwechslung ist Lachs diätetisch wertvoll und kann in gleichen Mengen wie Fleisch und Geflügel verwendet werden. Lachs schmeckt also nicht nur ausgezeichnet, er ist überdies auch noch gesund.

Lachs – rund um die Uhr

Lachs kann man rund um die Uhr essen, denn Lachs paßt zu jeder Gelegenheit, besonders aber zu den besseren. Am Morgen zu einem Sekt- oder Champagnerfrühstück oder einem Frühstück zu zweit bieten sich Räucherlachs und Graved-Lachs geradezu an. Der Frühschoppen mit Bier oder Aquavit wird mit Graved-Lachs, kräftigem Bauernbrot und Dill-Senf-Sauce erst zu einem kulinarischen Ereignis! Am Mittag darf es zur Vorspeise vielleicht ein Rezept von Paul Bocuse sein, der dieses nach seinem gleichnamigen Restaurant in Tokio Saumon Cru »Renga – Ya« benannt hat: Aus einem ganz frischen Lachs pro Person ein Lachsschnitzel von 120 Gramm schneiden, das man anschließend auf einen sehr kalten Teller legt, salzt und pfeffert. Danach wird das Lachsschnitzel mit Olivenöl und Zitronensaft beträufelt. Frische Schnittlauchröllchen, lose über das Schnitzel gestreut, verbessern nicht nur die Optik. Getoastetes Weißbrot und als I-Tüpfelchen ein Löffel feinster Keta-Kaviar lassen diese Vorspeise nach »Meer« schmekken. Lachs-Cocktail, Lachs-Carpaccio oder ein Lachstatar, welche Vorspeise klingt eigentlich ebenbürtig?

Am Nachmittag zum Tee darf es durchaus ein Räucherlachs- oder Graved-Lachs-Sandwich sein. Und das Dillsträußchen darf man sogar mitessen. Wenn man's ganz englisch haben will: knackiger Staudensellerie, in kleine Stücke geschnitten, unterstützt den Lachsappetit.

Abends schwimmt der Lachs in allen Varianten auf dem Teller, vom Graved-Lachs in Röschen auf Kartoffelpuffern als Vorspeise bis zum Lachsfilet in Apfelwein gedünstet. Wer es leichter mag, bitte sehr: Eichblattsalat in Walnuß-Joghurtdressing mit Räucherlachsstreifen.

Lachsgenuß ist nicht abhängig von der Tageszeit, wie eigentlich jeder Genuß von Lebensmitteln. Daß Lachs auch noch den Vorzug hat, gesund zu sein, kann nur das Herz eines jeden Feinschmeckers höher schlagen lassen.

Handelsware Lachs

Um wieviel ärmer wäre das Speiseangebot, die Speisekarte, ohne den Lachs! Das gilt für die Restaurantküche genauso wie für den häuslichen Herd. Dort gehört der frische Lachs als fester Bestandteil zur Menüfolge; hier stellt er einen kulinarischen Höhepunkt im wöchentlichen Kücheneinerlei dar. Doch es muß nicht immer nur frischer Lachs sein, auch mit Räucherlachs lassen sich feine Mahlzeiten kreieren.

Frischer Lachs

Ganz wichtig beim Einkauf von frischem Lachs ist zunächst einmal das Vertrauen zum Fischhändler. Ohne Verlaß auf den Händler ist der Lachseinkauf eine riskante Angelegenheit. Wer kann schon beim filetierten Lachs erkennen, ob es nicht doch nur eine Meerforelle ist, die einem angeboten wird? Und wer behaupten wollte, er könne anhand der Farbe einen Wildlachs aus Schottland von einem Zuchtlachs aus Norwegen unterscheiden, den kann man nur als Scharlatan bezeichnen.

Kulinarische Erfolge mit zubereitetem Lachs kann nur der einheimsen, der frischen Lachs von einem mehrere Tage alten Tier unterscheiden kann. Lachs, wie auch alle anderen Fische, die nicht frisch sind, fehlt das wache, klare Auge, die feuchtschimmernde, glänzende Haut bzw. die blanken Schuppen. Sicher ist der Lachs deshalb nicht gleich verdorben, doch seinen Höhepunkt hat er allemal überschritten. Auch trockene, blaßrosa Kiemen zeugen nicht gerade von Frische. Die etwas schwierige Unterscheidung beginnt, wenn der Lachs filetiert angeboten wird. Frisches Lachsfleisch muß fest und elastisch sein, nicht bröckelnd oder gar matschig. Lachs frischer Konsistenz darf auf keinen Fall nach Ammoniak riechen. Man sollte ruhig eine Geruchsprobe verlangen, wenn der Zweifel plagt. Bei ganzen Lachsen genügt eine Druckprobe mit dem Finger, es darf keinesfalls ein Abdruck entstehen.

Frischer Lachs, das ist in der Bundesrepublik immer Atlantik-Lachs, den man dank der Zuchtanlagen das ganze Jahr über erhält. Ob vom Fischhändler an der Ecke oder via Versandhandel; der hier angebotene Lachs stammt meist aus Aquafarmen in Norwegen. Wildlachs gibt es nur im Sommer, da sie dann unmittelbar vor dem Laichen das beste »Kampfgewicht« auf die Waage bringen.

Angeboten wird frischer Lachs entweder im ganzen, als Kotelett, als Schwanzstück oder als Filet. Es ist sicherlich letztendlich eine Gewissens- und Geschmacksfrage, wieviel Lachsfleisch man für eine Portion rechnen soll. Einen ausgenommenen ca. 3,5 Kilogramm schweren Lachs rechnet man für 10 Personen. Bei marinierten Scheiben vom Lachs, die als Vorspeise zubereitet werden, sind pro Person ungefähr 100 Gramm zu veranschlagen. Lachskotelett sollte 250 bis 300 Gramm pro Portion wiegen, Lachsfilet 180 bis 200 Gramm.

Keine Angst vor einem ganzen Lachs
Erwirbt man einen ganzen Lachs, der in der Regel mit Kopf und ausgenommen angeboten wird, sollte man sich darüber im klaren sein, wofür er gebraucht wird. Will man ihn selbst portionieren, so muß man folgendermaßen vorgehen:

Der Lachs wird von den Schuppen befreit, indem man mit der stumpfen Seite des Messers gegen die Schuppen streicht. Festsitzende Schuppen sind kein Problem: Kurz in heißes Wasser getaucht, danach die Schuppen unter kaltem Wasser abbürsten. Lachs mit der Seite auf die Arbeitsplatte legen und den Kopf schräg zu den Kiemen abschneiden. Jetzt wird der Lachs entweder quer in daumendicke Stücke zu Koteletts geschnitten oder filetiert. Beim Filetieren schneidet man mit einem scharfen Messer von der Kopfseite zum Schwanz so dicht wie möglich an der Mittelgräte entlang und löst so das Filet ab. Der Lachs wird dann umgedreht und in gleicher Weise, nur diesmal vom Schwanz zum Kopf hin von der Mittelgräte befreit. Nun legt man die ausgelösten Filets mit der Haut nach unten auf die Arbeitsplatte. Die Haut wird sodann mit einem scharfen Messer schräg, vorsichtig sägend-schiebend entfernt.

Nur noch selten kommt der Lachs in seiner vollen Größe auf den Tisch; ein üppiges kaltes Büffet bildet hier wohl die rühmliche Ausnahme. Versierte Hobbyköche oder -köchinnen trauen sich allerdings zu, den ganzen Lachs zuzubereiten. Der Vorteil eines im ganzen zubereiteten Lachses besteht in der optimalen Erhaltung seines Eigengeschmacks.

Ein ganzer Lachs um die 2 Kilogramm läßt sich auch sehr gut für 6 bis 8 Personen gefüllt zubereiten. Die nicht ganz leichte Methode läßt sich nur mit einem »runden« Lachs, d.h. mit einem nicht ausgenommenen Fisch, verwirklichen: Der Lachs wird mit der Bauchseite auf die Arbeitsplatte gelegt und beidseitig neben den Rückenflossen eingeschnitten. Mit dem Messer dann an den Gräten entlang nach unten fahren, bis sich das Fleisch gelöst hat. Die Mittelgräte wird dann direkt am Schwanz und Kopf durchgeschnitten und mit den Eingeweiden herausgenommen. Mit einer Pinzette oder feinen Zange werden die restlichen Gräten entfernt. Der abgespülte Fisch wird danach von oben mit einer beliebigen Farce gefüllt und der Rücken zugenäht oder mit Holzspießchen zugesteckt.

Frisches Lachsfleisch – gut für jede Zubereitungsart
Unerschöpflich sprudeln die Rezeptideen rund um den frischen Lachs. Man kann Lachs wie Bündner Fleisch an der Sonne trocknen, man kann ihn roh wie Sauerkraut mit Dill einlegen. Man kann ihn einsalzen, über Feuer von Wacholder-, Buchen-, Erlen-, Eichenholz räuchern. Lachs wird gekocht, pochiert, gedämpft, geröstet, gebraten und gebacken. Es gibt Rezepte für Lachssuppe und Lachspudding. Lachs mit Blinis, Lachscarpaccio, Lachstatar, Lachs mit Wirsing oder mit Spargel, kaum ein Gemüse, das nicht zum Lachs als Beilage geeignet erscheint.

Unter den vielen Lachsrezepten, die mittlerweile ganze Scharen von Gourmets zu »Lachsophilen« machten, hier zwei der berühmtesten: Kulebjaka und Lachsschnitzel mit Sauerampfer nach den Brüdern Troisgros.

Die russische *Kulebjaka* ist der absolute Star unter den

russischen Pasteten. Aufbauend auf dem Grundrezept der Russen schuf der »Kaiser der Köche«, Auguste Escoffier (1846–1935), zu Ehren des russischen Balletts in Monaco die weltberühmte Pastete *Coulibiac*, die zu den kulinarischen Sternstunden der klassischen französischen Küche gehört. Diese Pastete hat die Zeiten überdauert, sie ist kein »Schnee von gestern«, wie so viele der überlieferten Rezepte, geworden.

Hergestellt wird sie aus in Weißwein gedünstetem Atlantik-Lachs (Escoffier schwor auf die Qualität des Rheinlachses), dessen reduzierter Fond mit weißer Fischsauce, Eigelb und Gewürzen gemischt auf dem Lachs ausgebreitet wird. So kühlt der Lachs aus. Aus länglich ausgerolltem Briocheteig wird eine Lage feinster Crêpes, darauf eine Lage aus Reis und hartgekochten Eiern in weißem Geflügelfond, eine Lage Lachs sowie wieder Crêpes und Reismelange geschichtet. Der Teig wird als Brotlaib geformt und mit aus Teig ausgestochenen Fischen garniert. Jetzt wird die Coulibiac in den vorgeheizten Ofen geschoben und goldbraun gebacken. Coulibiac ist keine kalte Pastete, sie wird noch warm verspeist. Sicher eine komplizierte und zeitaufwendige Spezialität, aber die Mühe lohnt sich, denn der Geschmack ist unvergleichlich. In die Pastetenöffnung gießt man kurz vor dem Servieren reichlich zerlassene Butter.

Die Brüder Troisgros, Besitzer des Drei-Sterne-Tempels »Auberge de l'Ill« im elsässischen Illhaeusern, haben es fertiggebracht, bei aller erdverbundenen Einfachheit ihre Küche in die höchsten Sphären der »Haute Cuisine« zu heben. Im Grunde genommen bevorzugen die Brüder eine gute Hausmannskost. Ihr berühmtestes Rezept »Escalope de saumon à l'oseille«, das bei Präsident Giscard d'Estaings Ehrenlegiondiner serviert wurde, basiert auf einem improvisierten Gericht von Pierre Troisgros' Schwiegermutter, die eines schönen Tages etwas Sauerampfersuppe übrig hatte.

Entlang der Mittelgräte eines frischen Lachses werden zwei Filets ausgelöst, die wiederum horizontal in je zwei Filets geteilt werden. Die Lachsscheiben legt man zwischen mit Öl eingepinselte Pergamentpapierblätter und klopft sie flach. Die weniger schöne Seite wird gesalzen und gepfeffert. Von Sauerampferblättern entfernt man Stiele und Rippen, wäscht sie, tupft sie trocken und schneidet sie in feinste Juliennes (Streifen). In einer Kasserolle werden Weißwein, trockener Wermut, Fischfond und feingeschnittene Schalotten auf die Konsistenz reduziert. Hinzu gibt man durchpassierte Crème double und läßt erneut einkochen. Sauerampferblättchen werden in die Sauce geworfen und alles nach einer halben Minute von der Kochstelle genommen. Mit ein paar Tropfen Zitronensaft, Salz und Pfeffer aus der Mühle wird nun die Sauce abgeschmeckt. In einer schweren Pfanne wird Öl erhitzt, und die Lachsfilets werden darin nicht länger als eine halbe Minute von jeder Seite gebraten. Die Sauce gibt man auf vorgewärmte Teller, darauf mit der schönen Seite nach oben die Lachsfilets. Vor dem Servieren wird noch schnell etwas feingemahlenes Seesalz darübergestreut.

Frischen Lachs pökeln

In den herrschaftlichen Küchen des alten Hamburg wurde Lachs in Wein gekocht und kam kalt auf den Tisch in einer Marinade von Rosen- und Holunderdressing, bestreut mit

Petersilie, oder warm mit einer Sauce aus Malvasier und Pfefferkuchen.

Gepökelter Lachs wird vor allem in den norwegischen Provinzen von Tröndelag und hoch im Norden zubereitet. Eine wunderbare Art der Zubereitung von frischem Lachs, die wie die Zubereitung beim Graved-Lachs einen Fisch von 2 bis 4 Kilogramm erfordert.

Der filetierte und von den Gräten befreite Fisch wird mit der Haut nach unten auf die Arbeitsplatte gelegt. Zutaten je Kilogramm Fisch: 70 Gramm Salz, 30 Gramm Zucker, grobgestoßener Pfeffer. Die Salz- und Zuckermischung wird in das Lachsfleisch einmassiert und der grobgestoßene Pfeffer daraufgestreut. 24 Stunden läßt man das Filet mit der Hautseite nach unten gekühlt stehen. Nun wird das Filet umgedreht und weitere 2 Tage mit der Hautseite nach oben liegengelassen, mit einem leichten Gegenstand beschwert. Nach 3 Tagen sollte der gepökelte Lachs fertig sein, wobei die Größe der Filets jedoch eine gewisse Rolle spielt. Gepökelter Lachs wird in Norwegen mit gekochten Kartoffeln, rohen Zwiebelringen und Sauerrahm serviert.

Preise für frischen Lachs

Vor einigen Jahren war die Delikatesse Lachs nur einem geringen Kreis von gutbetuchten Bürgern zugänglich, heute hat sich diese Situation geändert, auch Leute mit einem Durchschnittseinkommen können im Lachsgenuß schwelgen. »Aquafarming« heißt das Zauberwort, das den Lachs zu einer für jedermann erschwinglichen Ware gemacht hat.

Frischer Zuchtlachs aus Norwegen bewegt sich in einem Preisrahmen von 28 bis 36 DM pro Kilogramm. Doch bevor die großen Erfolge der Zuchtfarmen die Preise auf dieses

Niveau drückten, gab es unter 50 DM pro Kilogramm keinen Lachs zu kaufen. Wildlachse, wenn es sie denn mal gibt, sind Tagespreisen unterworfen und liegen im Verkauf zwischen 50 und 70 DM pro Kilogramm.

Lachs hatte schon immer seinen Preis. Im Jahr 1900 war 1 Kilogramm Lachsfleisch mehr als doppelt so teuer wie 1 Kilogramm Rindfleisch, Aal, Karpfen, 2 junge Hühner oder 4 Täubchen. Zum gleichen Preis gab es 50 Heringe oder zwei Dutzend Austern.

Die küchenerfahrene Geheimrätin Wilhelmine von Gehren empfahl denn auch in ihrem Kochbuch »Küche und Keller« ökonomisch: »Für 12 Personen ist ein fünfpfündiger Lachs ausreichend.« Der hätte seinerzeit 12,50 RM gekostet, die übrigen Zutaten für »Lachsscheiben auf dem Rost« (Öl, Zitronen, Petersilie, Zwiebeln und Salz) noch mal 1,32 RM.

Tiefgekühlter Lachs

Während Fleisch vom Atlantik-Lachs das ganze Jahr aus den Zuchtanstalten frisch zu erhalten ist, kommt der atlantische Wildlachs auch gefroren in den Handel. Pazifik-Lachs ist immer gefrostet, er würde den Transport mit Sicherheit nicht überstehen.

Pazifik-Lachs wird nach dem Fang sofort schockgefrostet, was seiner Qualität kaum Abbruch tut. Manche Feinschmecker halten tiefgekühlten Fisch für nicht mehr frisch, was nicht ganz richtig ist, denn der frischgeschlachtete Lachs aus Norwegen beispielsweise braucht auch 3 Tage, um auf Eis gebettet, in der Auslage eines Fischhändlers zu erscheinen.

Lachs selbst einzufrieren ist gar nicht so schwierig, man muß nur einige Tricks kennen, damit er nicht durch Frostbrand austrocknet. Es sollte allerdings sofort nach dem Schlachten geschehen. Am besten ist es, den Lachs zu glacieren. Dazu nimmt man den ausgenommenen Fisch, legt ihn auf ein Brett und stellt ihn in die Gefrieranlage. Nach 24 Stunden wird der Lachs herausgenommen und ein paarmal in eiskaltes Wasser getaucht. Auf diese Weise kommt keine Luft an den Lachs heran, wodurch die Haltbarkeit erhöht wird. Glacierter Lachs wird in Plastik gepackt und nochmals in die Gefriertruhe gegeben. In frischem Zustand tiefgekühlter Lachs hält sich in der Gefriertruhe bis zu 4 Monaten. Man sollte den Lachs in ausreichend große Stücke zerteilt einfrieren, denn nochmaliges Einfrieren von aufgetautem Fisch ist nicht ratsam.

Taut man Lachs auf, so sollte dies langsam geschehen. Am besten läßt man die verpackten Stücke über Nacht im Kühlschrank stehen. Vermeiden sollte man, gefrorenen Lachs gefrostet zuzubereiten, er wird trocken, außerdem läßt sich die Garzeit nicht mehr genau berechnen.

Auch gebeizter und Räucherlachs lassen sich tiefgefrieren. Voraussetzung ist aber eine gute Verpackung. Die Haltbarkeit beträgt hier zwischen 4 und 6 Monaten.

Lachskonserven

Lachskonserven, auf den deutschen Märkten nicht sehr verbreitet, ausgenommen Räucherlachsscheiben in Öl, erfreuen sich in Asien und Nordamerika großer Beliebtheit. Wie bei uns der Hering, so wird dort der Lachs gekocht in den verschiedensten Saucen angeboten. Kein Wunder, daß z.B. in den Staaten jährlich 40 Millionen Dosen Lachsfleisch verkauft werden, denn der preiswerte, in rauhen Mengen gefangene Pink-Lachs und der Sockeye werden nicht als Räucherlachs, geschweige denn als frischer Lachs verkauft. Genau wie bei den Heringen wird beim Lachs die mindere Qualität zu Konservenware verarbeitet. Pikante Saucen und Ölzusätze tun ein übriges, um die Minderqualität zu überdecken.

Räucherlachs

Die Auswahl an Räucherfischen im bundesdeutschen Sortiment ist enorm. Unter den Edelfischdelikatessen ist der Räucherlachs vor geräuchertem Aal und Stör mit Abstand am gefragtesten. Räucherlachs erster Qualität stammt hauptsächlich vom Atlantik-Lachs, dessen Fettgehalt den des Pazifik-Lachses meistens übersteigt. Außerdem ist der Atlantik-Lachs sehr mild und zart, während kanadischer Lachs beispielsweise eher kräftig im Geschmack ist.

Aber auch in der großen Gruppe der Atlantik-Lachse gibt es gewaltige Qualitätsunterschiede, was sich selbstverständlich im Preis niederschlägt. Allererste Voraussetzung für besten Räucherlachs ist und bleibt die Qualität und Frische der Rohware, verfeinert lediglich durch Salz und behutsamen Rauch. Die Spitzenqualität unter den Räucherlachsen darf keinesfalls tranig (nach Lebertran) schmecken, kein bröckelndes oder zähes Fleisch haben und sollte auch nicht knallig rot, aber dafür schön fett sein. Gut geräucherten Lachs der Spitzenqualität erkennt man am festen Fleisch. Er schmeckt mild und zart, leicht gesalzen. Auch der Rauchgeschmack darf keinesfalls penetrant sein, sondern zart und zurückhaltend. Lachs sollte nach dem Holz duften, mit dem er geräuchert wurde (z.B. Buchenholz), nicht aber scharf danach riechen.

Um den Räucherlachs rankt sich übrigens auch eine Münchhausen-Geschichte:

»Maria de Valera hatte mich schon seit langem und mehrfach zu ihrer Spezialität, einer Spanischen Räucherfisch-Marinade eingeladen. Ich hatte mich nun entschlossen, dieser Einladung nachzukommen, war doch die Prominenz von Barcelona eingeladen. Da mein Pferd wahrlich nicht eines der schnellsten war, praktizierte ich vier Spiralen unter die Hufe und erreichte mein Ziel, ob der großen Sprünge, in zwei Stunden. Maria berichtete mir sofort nach der Ankunft von einem entsetzlichen Malheur, alle Zutaten für das köstliche Gericht waren vorhanden, nur der Räucherfisch war abhanden gekommen. Ich entbot ihr natürlich sogleich meine Hilfe und machte mich davon, um den Fisch zu beschaffen.

Auf einer Anhöhe nahm ich mein Fernrohr zur Hand, mit dem man noch auf tausend Meilen die Enden eines Hirschgeweihes zu zählen vermag. Nach kurzer Zeit erblickte ich frischgeräucherten Lachs. Dicht vor mir und zum Greifen nahe. Schnell packte ich zu und kehrte danach mit einer guten Portion Räucherfisch zurück. Die Marinade war gerettet.«

Münchhausen mag manchmal etwas übertrieben haben, doch die Spanische Räucherfisch-Marinade ist eine Fischspezialität, die auch heute noch allerorten auf der Iberischen Halbinsel zum Zubereiten eines feinen Salates verwandt wird:

Aus Essig (Sherryessig), Öl, Zucker, gemahlenem Pfeffer, Paprika- und Currypulver wird eine Marinade hergestellt und kurz aufgekocht. Hinzu fügt man Knoblauch und läßt alles erkalten. Dann gibt man zur Marinade feingehackte gefüllte Oliven, feine Streifen von rotem und grünem Paprika hinzu und schneidet vier Schalotten in Streifen. Etwas dicker geschnittene Räucherlachsstreifen, die vorher enthäutet und von den Gräten befreit wurden, mischt man mit den Schalottenstreifen und läßt alles in der Marinade 24 Stunden ziehen.

Das Räuchern

Der Räuchervorgang ist eine uralte handwerkliche Kunst, die große Geschicklichkeit und Erfahrung voraussetzt. Zunächst müssen die Lachse ausgeweidet, gesäubert, filetiert und von Hand gesalzen werden. Zum eigentlichen Räuchern verwendet man ausschließlich Laubhölzer, die dem Räucherlachs das unverwechselbare Aroma und appetitliche Aussehen verleihen. Lachs räuchert man kalt, wie beispielsweise auch Katenschinken. Die Temperatur darf dabei 30 Grad Celsius nicht übersteigen. Der Räuchervorgang dauert ungefähr 24 Stunden. Qualität braucht eben ihre Zeit. So verweilt der Lachs in der Räucherei vom Eintreffen der Rohware bis zum Verlassen als edle Räucherfischdelikatesse über 100 Stunden. Es gibt natürlich auch Räuchereien, die statt der klassischen 100 Stunden nur ganze 6 Stunden für ihr Produkt aufwenden.

Klassisches Räuchern setzt im Unterschied zum Schnell-

Lachs Naturell

(Rezept siehe Rückseite der nächsten Bildtafel)

Lachs-Terrine mit Forellenkaviar

(Rezept siehe Rückseite der nächsten Bildtafel)

Friséesalat mit Lachs

(Rezept siehe Rückseite)

Lachs Naturell

Zutaten für 4 Personen:

4 Lachskoteletts à ca. 150–180 g
1 l Wasser
¼ l Essig
1 Bund Dill
½ TL weiße Pfefferkörner
1 EL Salz

Sud mit Gewürzen aufkochen lassen. Die gesäuberten Lachsstücke darin 15 Minuten auf schwacher Flamme ziehen lassen. Mit zerlassener Butter und Salzkartoffel servieren. Dazu paßt jede Art von feinem Gemüse, z. B. Spargel.

Lachs-Terrine mit Forellenkaviar

Zutaten:

(für eine Form mit etwa ¾ l Inh.)
4 dünne Scheiben grüner Speck
175 g Lachsfilet
Zitronensaft,
Pfeffer aus der Mühle
50 g Blattspinat

Madeira-Gelee:

100 ml Madeira
4 Blatt weiße Gelatine

Für die Farce:

250 g frischer Spinat
20 g Butter
Salz, Pfeffer
1 Scheibe Toastbrot
3 EL Sahne
250 g Lachsfilet
(haut-, grätenfrei)
250 g Schlagsahne
2 EL Forellenkaviar
1–2 Zweige Dill
2 EL Speisestärke

Terrinenform mit ⅔ der Speckscheiben auslegen. Lachsfilet säubern, säuern, pfeffern. Spinat waschen, 50 g beiseite legen, den Rest in Butter kurz andünsten und würzen. Brot in der Sahne einweichen. Lachsfilet für die Farce mit Sahne, Salz und Pfeffer pürieren. Brot zerdrücken, unter die Lachsmasse rühren, ebenso die gesiebte Speisestärke. Spinat pürieren, mit der Hälfte der Lachsfarce verrühren. Die zweite Hälfte Forellenkaviar verrühren. Form mit einer Schicht Lachsfarce füllen, mit dem zurückbehaltenen Spinat abdecken, unzerkleinerte Lachsfilets in die Mitte legen, Spinatfarce darüber verteilen. Mit restlichem Speck belegen. Im Backofen (160 Grad) etwa 30 Minuten garen. Kaltstellen. Mit Dillzweigen verzieren. Madeira mit Gelatine nach Packungsanweisung zubereiten.

Friséesalat mit Lachs

Zutaten für 4 Personen:

125 g Frisée
200 g Räucherlachs
½ Zitrone
2 kleine Avocados (à 150 g)
4 TL Forellenkaviar

Für die Salatsoße:

150 g Crème fraîche
100 g saure Sahne
½ Zitrone
Salz, Pfeffer aus der Mühle
Zucker
1 EL Sherry

Frisée putzen und waschen. Räucherlachs in dünne Streifen schneiden. Avocados schälen, längs in Scheiben schneiden und mit Zitronensaft beträufeln. Abgetropfter Frisée, Lachsstreifen, Avocados und Forellenkaviar auf vier Tellern anrichten. Für die Marinade Crème fraîche, saure Sahne, Zitronensaft, Salz, Pfeffer, Sherry und Zucker verrühren und abschmecken. Den Salat mit Baguette servieren.

verfahren voraus, daß die filetierten Lachsseiten einzeln per Hand sorgfältig eingesalzen werden. Anschließend läßt man die Lachsseiten über mehrere Tage reifen, um die Geschmacksfülle voll zur Geltung zu bringen. Eine schnelle Räucherung erkennt man am scharfen Geruch. Auch eine Behandlung mit Rauchgeschmacksgewürzen mindert die Qualität. Es ist wirklich erstaunlich, was unter dem Namen »Echter Räucherlachs« so mancherorten alles angeboten und leider auch gekauft wird.

Geräucherter Wild- oder Zuchtlachs?
60 Prozent des bundesdeutschen Marktes werden mit Räucherlachs der Gattung Pazifik-Lachs abgedeckt. Ist der Wildlachs dazu besser geeignet, oder welche Gründe gibt es dafür? Peter Grotewold, Geschäftsführer der 1908 in Hamburg-Altona gegründeten Lachsräucherei Gottfried Friedrichs KG, beantwortet diese Frage wie folgt: »Wir und die meisten unserer Kunden bevorzugen den norwegischen Farmlachs, weil er mild, zartfleischig und fettreich ist. Vor allem beim Räuchern entwickelt sich durch das Fett ein besonders feines Aroma, ein hervorragender Geschmack. Farmlachse haben auch den Vorteil, relativ saisonunabhängig und in immer gleichbleibender Qualität und Größe verfügbar zu sein. Wildlachse dagegen, die weite Wanderungen durch das Meer unternehmen, ehe sie zum Laichen wieder an ihre heimatlichen Küsten zurückkehren, können nur zu bestimmten Zeiten gefangen werden, und der Zufall bestimmt, in welchen Mengen. Ihre Qualität ist, je nach Herkunft, sehr unterschiedlich. Bis auf den zarten, hellfleischigen Ostsee-Lachs, der ebenso wie die anderen atlantischen Wildlachse nur noch in geringen

Mengen gefangen wird (insgesamt etwa 7000 Tonnen im Jahr), sind sie fester im Fleisch und weniger fettreich bis mager. Die Pazifik-Lachse sind fast alle wild, da kommt es auf die Sorte an.«

Auch im geräucherten Zustand behalten die verschiedenen Lachse ihre Farbe, und die Qualitätsstufen lassen sich erkennen. Natürlich wieder ganz vorn dabei der Ostsee-Lachs, fettreich und von hellem Rosa. »Echter Bornholmer Lachs« ist eine geschützte Bezeichnung für Ostsee-Lachs, die Ausnahme bildet der mit dem Gütesiegel der Bornholmer Fischer versehene Lachs. Fehlt das Siegel, so kann es sich um kanadischen Lachs handeln, der auf Bornholm geräuchert wurde.

Norwegische Lachse von der Atlantikküste sind eine Schattierung dunkler, wobei es sich meist um Zuchtlachse handelt, was aber geschmacklich beim Räucherlachs wenig Abbruch tut. Schottischer und irischer Lachs sind ebenfalls hellfleischig, haben aber weniger Fettanteile. Sie sind jedoch von äußerst angenehmem Geschmack. Eine Besonderheit in diesen beiden Ländern ist die Verwendung von Eichenholz statt des üblichen Buchenholzes beim Räuchern. Grönländischer Lachs hat eine dunkelorange Farbe. Er kommt in gefrorenen Seiten zu uns und wird erst hier nach dem Auftauen geräuchert. Rund 60 Prozent des deutschen Marktes für Räucherlachs werden mit dem preiswerten, kräftig roten und kurzfaserigen Lachs aus Kanada bestritten. Er kommt meist gesalzen nach Deutschland, wird hier entsalzen und dann geräuchert. Bei ihm gibt es gewaltige Qualitätsunterschiede, meist ist er aber trocken und für Lachsliebhaber und -kenner kein Genuß. Weserlachs und Rheinlachs gibt es nicht mehr. Es sind nostalgische Phantasiebezeichnungen, genauso wie auch das Wort »hausgeräuchert« nicht das halten muß, was es verspricht.

Lachs aus der Schweiz: Der berühmte »Balik-Lachs«
Einer der begehrtesten Räucherlachse, darauf schwören Kenner der »Lachsszene«, kommt nicht aus Norwegen, Schottland, Irland oder Deutschland, sondern von einer Schweizer Alm. Im Auftragsbuch dieser Lachsräucherei in den Alpen finden sich die Adressen der feinsten Restaurants aus aller Welt. Der ehemalige Schauspieler Hans Gerd Kübel machte das Dorf Eberlos, knapp 25 Kilometer von St. Gallen entfernt, bei Lachsliebhabern in aller Welt berühmt. 1978 kaufte sich der Schauspieler einen kleinen Hof, in dem er eine Räucherkammer installierte. Eigentlich wollte er nur Forellen so räuchern, daß sie ihm auch schmeckten. Durch Zufall traf Kübel in Berlin auf einen gewissen Israel Kaplan, und der *»Balik-Lachs«* war geboren. »Balyk« heißt eigentlich auf russisch »luftgetrockneter Stör«, doch da dieser Ausdruck so gut klingt und er dem Schauspieler gefiel, ließ Kübel sich dieses Wort als Markenzeichen für seinen Räucherlachs schützen. Besagter Israel Kaplan hatte einen Vater, der Lachskönig von Riga war und gleichzeitig Hoflieferant des Zaren. Kaplan beherrschte die 25 goldenen Regeln, die heute noch streng geheim sind, und ging als Teilhaber von Kübel mit in die Schweizer Berge. Er baute dort einen Speziallachsofen für die Räucherei, und schon nach kurzer Zeit florierte das Geschäft. Seither zählt der Lachs von der Alm zum Besten, was es auf dem Markt überhaupt an Räucherlachs gibt. Auch im Preis ist der »Balik-Lachs« nicht zu überbieten, was sicherlich auch mit der geringen Produktion zusammenhängt:

Kübel verkauft in einem ganzen Jahr gerade soviel Räucherlachs, wie die größte deutsche Lachsräucherei an einem einzigen Tag herstellt, nämlich ganze 10 Tonnen. Die Kunden kann sich Kübel mittlerweile aussuchen, so herausragend ist die Qualität seiner Räucherlachse. Übrigens: Norwegische Zuchtlachse sind die Rohware für den »Balik-Lachs«!

Heißgeräucherter Lachs

Neben der traditionellen und am weitesten verbreiteten Methode des Kalträucherns gibt es auch das Heißräuchern von Lachsen. Das Heißräuchern spart Zeit, der Lachs hängt nur 3 bis 4 Stunden in der Räucherkammer bei 60 bis 80 Grad Celsius.

Diese Methode ist bei den Lachsfischern und auch an den Küsten sehr beliebt. Der Lachs erhält jedoch durch Heißräuchern eine völlig andere Geschmacksnote. Das Fleisch wird durch den strapazierenden Räucherprozeß nicht so fest wie beim Kalträuchern, es zerfällt leichter. Wie ein Bückling muß heißgeräucherter Lachs unmittelbar nach dem Räuchern gegessen werden, am besten noch warm. Anstatt mit Salz eingerieben, wird er in einer Salzlake gebadet und gut abgetrocknet in den Rauch gehängt.

Die Firma Gottfried Friedrichs KG in Hamburg-Altona vertreibt heißgeräucherten Lachs unter dem Namen *»Stremel-Lachs«* als wohlschmeckende Spezialität. Nach einem 200 Jahre alten Verfahren ostpreußischer Fischer wird diese kulinarische Spezialität hergestellt.

Lagerfähigkeit von Räucherlachs

Durch das Kalträuchern wird der Lachs keinesfalls gargekocht, er erhält durch das Räuchern seinen delikaten

Wohlgeschmack und eine etwas längere Haltbarkeit als frischer Fisch. Grundsätzlich sollte Räucherlachs wie rohes Fleisch behandelt werden, auch rohes Fleisch kauft man ja nicht ein, um es 2 Wochen zu Hause aufzubewahren. Auch beim geräucherten Lachs gilt: Je frischer, desto besser im Geschmack.

Frisch geräucherter Lachs hält sich 2 bis 3 Wochen, wenn er kühl bei Temperaturen bis maximal 8 Grad Celsius aufbewahrt wird. Honorige Räuchereien garantieren eine Mindesthaltbarkeit per Stempelaufdruck auf der Packung. So lange kann der Räucherlachs dann in einer nicht angebrochenen Vakuumverpackung daheim im Kühlschrank aufbewahrt werden.

Unverpackter Räucherlachs soll möglichst kühl und vor allem luftig aufbewahrt werden, damit er nicht beschlägt. Dazu legt man ihn locker in Papier oder Pergament (niemals in Klarsichtfolie) eingewickelt in den Kühlschrank oder an einen anderen kühlen Ort. Gleiches gilt für vakuumverpackten Lachs, wenn die Packung einmal angebrochen ist; der Lachs darf auf keinen Fall in die Folie zurück! Ißt man den Räucherlachs nicht innerhalb von 2 bis 3 Tagen auf (was man sich nun kaum vorstellen kann), sollte man den Rest portionsweise, fest in Alufolie verpackt, einfrieren. Die Temperatur beim Einfrieren muß mindestens minus 20 Grad Celsius betragen. So eingefroren bewahrt der Räucherlachs den »guten Geschmack« bis zu 2 Monaten. In der originalverschlossenen Vakuumverpackung kann man den Lachs bis zu 4 Monaten aufbewahren. Doch für den Lachs gilt nicht, was z.B. für Schinken gilt. Die Devise kann nur lauten: Frisch geräuchert auf den Tisch!

Das Schneiden von Räucherlachs

Räucherlachs wird in Seiten (halben Lachsen) angeboten, vom Händler geschnitten oder, für »Lachsophile« ein großes Übel, vorgeschnitten und vakuumverpackt geliefert. Um einen sauberen Schnitt zu erzielen, wird der vorgeschnittene Lachs kurz gefrostet. Die maschinell geschnittenen Seiten werden mit der Maschine wieder so zusammengesetzt, daß der Räucherlachs wie ungeschnitten aussieht und dem Ideal des Normalkäufers entspricht.

Vorsicht ist auch geboten, wenn Warenhäuser vakuumverpackten Räucherlachs in Sonderaktionen als »Echten Lachs« anbieten. Wer spricht schon von »Echtem Filetsteak« oder »Echtem Wein«? Liegt zwischen Mettwurst und Schinken ein Blatt Pergamentpapier, so ist der Geschmack kaum beeinträchtigt, beim Lachs sollte man lieber darauf verzichten.

Der wahre Feinschmecker wird seinen Räucherlachs lieber selbst in feine hauchdünne Scheiben schneiden, was allerdings nicht ganz einfach ist. Lachsschneiden ist eine hochentwickelte Kunst, die zelebriert wird mit Hilfe eines Lachsbretts, eines Lachsmessers, das eine dünne, biegsame, wenigstens 30 Zentimeter lange Klinge besitzen muß, und mit einer Zange oder Pinzette zum Ziehen der feinen Gräten. Bevor man mit dem Aufschneiden beginnt, wird die gut gekühlte Lachsseite »gepellt« oder »geschält«. An der Rücken- und Bauchseite wird die Schuppenhaut rundherum abgetrennt und anschließend die Räucherkruste auf der Fleischseite sehr dünn abgeschält. Dabei ist auf möglichst wenig Verlust zu achten. Auch sollte die Seite nur so weit geschält werden, wie für den jeweiligen Bedarf notwendig. Die Räucherkruste schützt das wertvolle Lachs-

Wie Räucherlachs pariert und aufgeschnitten wird

Parieren nennt man das Ablösen der Räucherkruste und Seitenränder und das Ziehen der Stützgräten.

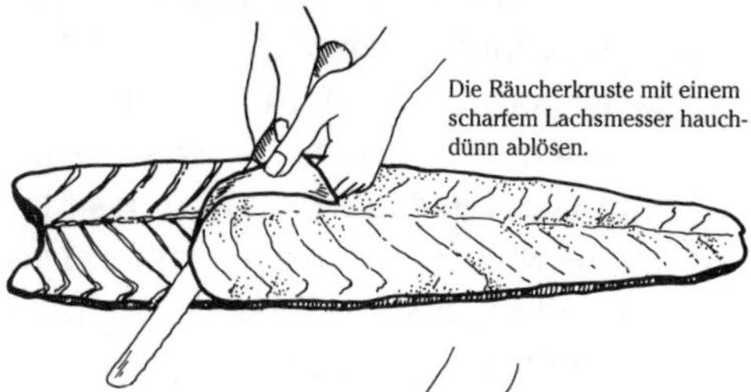

Die Räucherkruste mit einem scharfem Lachsmesser hauchdünn ablösen.

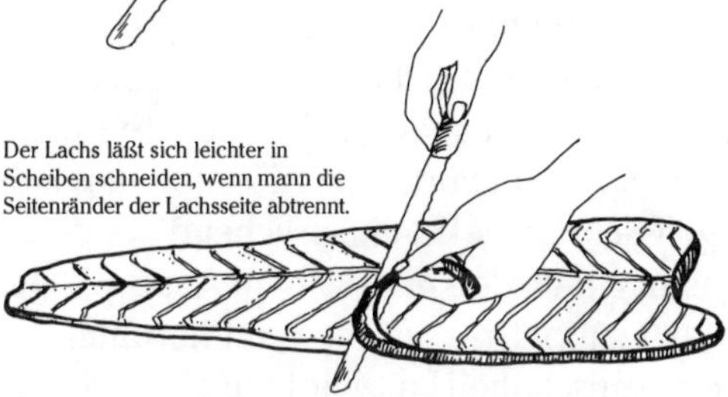

Der Lachs läßt sich leichter in Scheiben schneiden, wenn mann die Seitenränder der Lachsseite abtrennt.

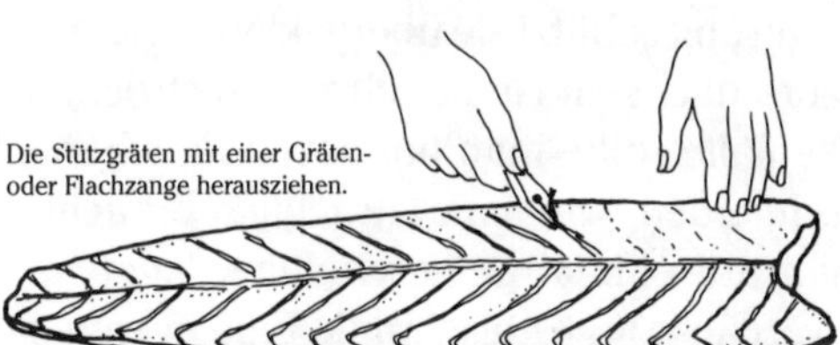

Die Stützgräten mit einer Gräten- oder Flachzange herausziehen.

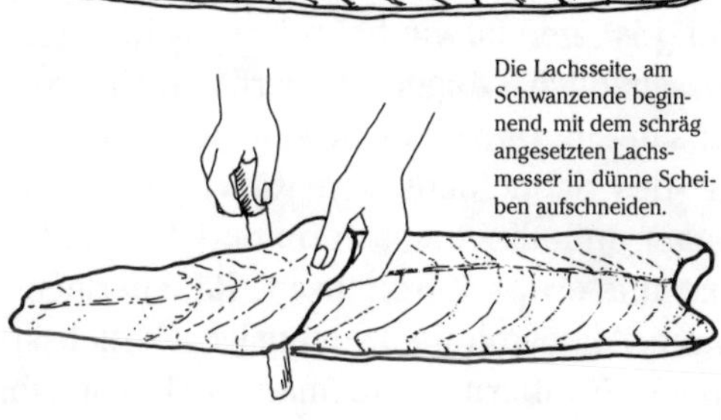

Die Lachsseite, am Schwanzende beginnend, mit dem schräg angesetzten Lachsmesser in dünne Scheiben aufschneiden.

fleisch vor Austrocknung sowie vor Verderb. Ist die Kruste entfernt, zieht man mit der Flachzange oder der Pinzette die Stützgräten, die sich in einer Linie vom Kopfansatz bis zum Ende der Bauchhöhle befinden. Mit dem Finger kann man die Gräten leicht erfühlen. Mit der so vorbereiteten Seite kann der Anschnitt beginnen. Grundsätzlich geschieht dies in Richtung zum Schwanzende hin. Das Messer wird etwa 15 Zentimeter vom Schwanzende entfernt fast waagerecht angesetzt und die erste Scheibe vorsichtig mehr abgeschält als geschnitten. Der Anschnitt ist etwas schwierig, da das Schwanzende trockener und uneben ist. Es wird aber besser, je weiter man in das dickere Rückenfleisch kommt. Wichtig beim Portionieren ist nur, daß man immer den nötigen Schrägwinkel entsprechend der gewünschten Scheibenlänge hält, den man sich im Anschnitt geschaffen hat, und daß sauber bis auf die Haut heruntergeschnitten wird. Die ausgeschälte Haut wird nie abgeschnitten, denn für die Lagerung schützt sie übergeklappt die Anschnittfläche bis zum nächsten Gebrauch vor Austrocknung.

Auf alle Fälle sollte man nur soviel Räucherlachsscheiben aufschneiden, wie man tatsächlich braucht. Wird die Seite nicht auf einmal aufgeschnitten, lagert man sie in Alufolie verpackt im Kühlschrank. Eine eventuelle Schimmelbildung ist, genau wie beim Katenschinken, nicht gesundheitsschädlich. Längeres Lagern kann allerdings leicht zu unliebsamem, ranzigem Geschmack führen. Nach der Prozedur des Schneidens von Räucherlachs sollte man seine Finger unbedingt erst warm und dann kalt waschen, möglichst mit etwas Zitronensaft. Räucherlachs hat die unliebsame Angewohnheit, intensive Geruchsspuren zu hinterlassen. Säubern sollte man auch Lachsbrett und

Lachsmesser mit einem Schuß Essig im Spülwasser, das befreit von unangenehmen Gerüchen.

Das Servieren von Räucherlachs

Servieren sollte man Räucherlachs – ob kalt- oder heißgeräuchert – zu getoastetem Weiß- oder Roggenbrot, wenn unbedingt nötig, auch mit Butter oder auch auf Blinis. Sogenannte »kulinarische Verbesserungen« wie Zwiebeln und Kapern auf einem Lachstoast oder der beliebte Spritzer Zitronensaft sollte man tunlichst vermeiden. Auch der scharfe Sahnemeerrettich überdeckt den zarten Räucherlachsgeschmack. Räucherlachs schmeckt am besten mit neutralen Beilagen wie frische Salate. Mit Räucherlachsscheiben lassen sich wunderbare Rosen drehen, die mit Dillstengeln verziert auf einem weißen Teller zur wahren Augenweide werden. Will man noch einen Punkt draufsetzen, so würzt man geschlagene Sahne mit wenigen zerdrückten Wacholderbeeren oder etwas grünem Pfeffer.

Ob in der Kombination mit frischen Blattsalaten, mit grünem Spargel, mit Austernpilzen, Pfifferlingen oder Kartoffeln, ob als Räucherlachspastete oder als Einlage in einer Suppe oder als Füllung für eine Seezungenroulade, Räucherlachs schmeckt immer und zu jeder Gelegenheit. Will man partout nicht auf den Sahnemeerrettich verzichten, kann man ihn doch wenigstens verfeinert genießen, z.B. mit Limettenfilets oder feingeriebenem Apfel. Lachsliebhaber lassen sich eventuell auch dazu überreden, Pellkartoffeln, Graham-Brot oder ähnliche neutrale Beilagen zu akzeptieren, doch letztlich bleibt für sie der höchste Genuß: Räucherlachs von Meisterhand geräuchert und Räucherlachs pur.

Whisky-Räucherlachs
Daß mit verschiedenen Laubhölzern (Buchenholz, Eichenholz etc.) geräuchert wird und dadurch unterschiedliche Geschmacksnuancen entstehen, ist inzwischen bekannt. Mit Wacholderholz geräucherte Lachse, die schon im Duft an eine frisch geöffnete Flasche Gin erinnern, schmecken ganz anders als mit dem Rauch von Erlenholz bereitete. Und da die Schotten es nun einmal ganz besonders mit dem Whisky halten, kam man auf die geniale Idee, in Eichenholz zu räuchernde schottische Lachse zuvor in Whisky zu marinieren. Die Hamburger Firma Corvette-Delikatessen, ein Spezialversand für Lachsspezialitäten und andere Meeresdelikatessen, preist diesen besonderen Lachs an. Der *Glenmorangie Salmon* wird mild gesalzen und mit 10 Jahre altem Whisky gebeizt. Anschließend wird er kalt geräuchert und grätenfrei versandt.

Gebeizter Lachs – Graved-Lachs

Unter den Namen Graved-Lachs (auch Gravlax, Gravad- oder Graverd-Lachs) ist diese besondere Delikatesse im Handel erhältlich. Die Bezeichnung »Graved« stammt, wie auch das Rezept, aus Skandinavien und bedeutet soviel wie »vergraben«. In früheren Zeiten wurde der Lachs nämlich am Flußufer vergraben. Graved-Lachs wickelte man damals in Blätter, bestreute ihn mit den nötigen Zutaten wie Zucker, Salz, Pfeffer, Wacholderbeeren und Kräutern und vergrub ihn gut verschlossen im kühlenden Erdreich. Allerdings nicht, um den Garprozeß zu beschleunigen, wie einige behaupten. Es gab zu damaliger Zeit noch keine Kühlschränke, das war der Grund für das Eingraben.

Im Prinzip wird diese Verarbeitungsform mit den heutigen modernen Hilfsmitteln und einer Fülle von weiteren Geschmacksverfeinerungen nachgeahmt. In der Regel wird der »Jäger des Meeres« als Graved-Lachs nicht geräuchert, er wird durchs Beizen gegart. Es gibt allerdings schon Ausnahmen, bei denen auch Graved-Lachs ganz leicht angeräuchert angeboten wird.

Selbst beizen

Eigentlich sollte jeder Lachsliebhaber herausfinden, welche Mischung an Kräutern und Gewürzen er bevorzugt, ob er massiven Dillgeschmack bevorzugt, den Lachs lieblicher oder schärfer mag.

Es ist jedenfalls ein besonderes Vergnügen, den Graved-Lachs selbst zu beizen und dazu noch recht einfach. Man benötigt dazu: Eine Seite frischen Lachs (ca. 1 Kilogramm schwer), 35 Gramm Zucker, 25 Gramm Salz, 2 Eßlöffel weiße Pfefferkörner, 1 Eßlöffel Wacholderbeeren, 4 Lorbeerblätter und 2 Bund Dill. Die sauber präparierte Lachsseite wird mit der Haut nach unten auf eine genügend große Platte gelegt. Nun streut man Zucker, Salz und grobgestoßenen weißen Pfeffer sowie zerdrückte Wacholderbeeren und feingehackte Lorbeerblätter darüber. Die 2 Bund Dill werden gewaschen, ausgeschüttelt und feingeschnitten über die Lachsseite verteilt. Nun gibt man Alufolie über den Lachs, beschwert ihn und stellt ihn 48 Stunden in den Kühlschrank. Graved-Lachs kann man über die nötigen 48 Stunden hinaus durchaus noch weitere 48 Stunden ziehen lassen, das steigert seinen intensiven

Geschmack. Allerdings mehr als 5 Tage sollte der Lachs nicht gebeizt werden, er beginnt dann steif und hart zu werden, verliert seine zarte Konsistenz und wird trocken. Gut verpackt (möglichst luftdicht) kann man ihn tiefgefroren einige Monate aufbewahren, ohne daß er wesentlich an Geschmack oder Konsistenz verliert.

Wie Graved-Lachs serviert wird
Aufgeschnitten wird diese kulinarische Köstlichkeit im Gegensatz zu Räucherlachs in nicht ganz so dünne Scheiben. Ohne die auf ihn abgestimmte pikant-milde Sauce aus Senf, Honig, Dill und anderen Gewürzen sollte man den Graved-Lachs nicht genießen, es würde etwas fehlen. Dazu schmeckt ein Knäckebrot genauso wie ein Kartoffel-Reibekuchen.

Gebeizter Lachs läßt sich auch warm wunderbar bereiten, z.B. brät man den Lachs in Scheiben in flüssiger, schäumender Butter kurz an. Auch im Blätterteigmantel, von der Haut befreit und mit Spinat, feinen Gemüsen und Crevetten bedeckt, entwickelt der Graved-Lachs ein ausgezeichnetes Aroma und läßt den Gaumen rotieren. Und die Haut wird natürlich nicht weggeworfen, denn in Streifen geschnitten und in Butter geröstet schmeckt sie geradezu delikat. In Skandinavien wird Graved-Lachs häufig mit sämig gekochten Kartoffeln, denen ein wenig Schnittlauch beigegeben ist, und mit reichlich Senfsauce serviert.

In der Neuen Deutschen Küche sind natürlich viele Rezeptkreationen rund um den Graved-Lachs aufgetaucht, doch gilt auch hier, daß er nur pur genossen, vielleicht mit ein wenig Dill-Senfsauce, zu einem kulinarischen Ereignis wird. Dill-Senfsaucen werden in den verschiedensten Variationen angeboten.

Lachskaviar - Keta-Kaviar

Lachskaviar aus der Sowjetunion stammt vom Keta- oder Amur-Lachs, eine Lachsart der Pazifik-Lachse. Seinen Namen hat der Lachs vom Grenzfluß zwischen Rußland und der Mandschurei, dem Amur.

Sein feines, zartes und frisches Aroma und sein erschwinglicher Preis hat den Lachskaviar oder Keta-Kaviar zu einem Bestseller in unseren Küchen gemacht. Die zarten, orangeroten Eier sind mittlerweile zur beliebten Garnitur in der kalten Küche geworden, schmecken aber auch in leichten Saucen zum Lachs und als exklusive Füllung in vorsichtig gegarten Terrinen. Gekocht werden darf Lachskaviar niemals, der Geschmack von erhitztem Lachskaviar gleicht kleinen Gummikugeln. Als passendes Getränk eignen sich vorzüglich ein Wodka oder ein Krimsekt.

Gut, daß es Verkehrsmittel wie Flugzeuge, Eisenbahnen und Lastkraftwagen gibt; ein Dank auch Karl von Linde, der die Herstellung von künstlichem Eis mit Hilfe von Ammoniak ermöglichte, denn dadurch kann der Lachs heute so frisch auf den Tisch gebracht werden. Ausgereifte Methoden, ob frisch, tiefgekühlt, gebeizt, gepökelt, geräuchert oder in der Konservendose, haben den Lachs befähigt, täglich unser kulinarischer Begleiter zu sein.

Die Garmethoden

Zwei eherne Regeln gilt es beim Garen von Lachs zu beachten, gegen die aber leider immer wieder verstoßen wird: Nicht zu lange und nicht zu heiß! Das feine Lachseiweiß reagiert außerordentlich empfindlich: Die Poren schließen sich schon bei etwas über 60 Grad Celsius. Bei hohen Temperaturen trocknet es aus, und das gilt auch für zu lange Garzeiten. Gute Köche beherrschen diese wichtigen Voraussetzungen für höchsten Lachsgenuß. Sofern man also kein absoluter Kenner und Könner im Umgang mit dem sensiblen Lachs und seiner Zubereitung ist, sollte man sich besser die Zeit und das Geld nehmen, um sich der Kochkunst eines Gourmet-Restaurants anzuvertrauen.

Pochieren von Lachs

Das Garziehen oder Pochieren im heißen Sud ist eine dem feinen Lachs besonders angemessene Garmethode. Er behält dabei sein köstliches Aroma. Der Sud sollte eine Weile vorgekocht sein. Bevor man den Fisch hineinlegt, läßt man den Sud etwas abkühlen. Nun wird der Lachs mitsamt Sud wieder fast bis zum Siedepunkt erhitzt und sofort vom Herd bzw. der heißen Platte genommen. Bei geringer Hitze läßt man nun unter dem Kochpunkt simmern, der Sud darf nicht sprudeln. Lachsfilets benötigen 5 bis 7 Minuten; ganze Fische, je nach Dicke, 12 bis 14 Minuten. Magere Lachse, mit einem geringeren Fettanteil, garen in kürzerer Zeit als fette.

Dünsten und Grillen von Lachs

Dünsten von Lachs empfiehlt sich besonders, wenn der würzige Sud anschließend als Sauce zubereitet werden soll. Das Lachsfilet wird auf wenig Fischfond mit Butterflöckchen belegt und bei kleiner Hitze, leicht mit Folie abgedeckt, auf der Platte oder im Ofen gegart. Das Lachsfilet bzw. -kotelett wird unter dem Herdgrill gegart, indem es mit Gewürzen eingepinselt und mit Öl beträufelt wird. Keinesfalls wird das Filet gesalzen, denn das Salz entzieht Bindegewebswasser, und der Fisch trocknet sehr schnell aus. Noch besser ist es, falls der Lachs sehr mager ist, ihn vor dem Grillen in eine Marinade aus Öl und Zitronensaft zu legen und während des Grillens ab und zu bepinseln. Die Grillzeit ist je nach Dicke des Lachskoteletts oder -filets unterschiedlich, man kann aber von 8 bis 14 Minuten ausgehen. Wichtig ist, wie für alle anderen Garmethoden auch, daß das Grundprodukt, der frische Lachs, auch sortenspezifisch eingeordnet werden kann. Trockener Pazifik-Lachs eignet sich kaum zum Grillen, und eine zu lange Garzeit bedeutet das kulinarische »Aus« für optimalen Lachsgenuß.

Dämpfen von Lachs

Diese alte Methode, über kochendem Wasser oder über Kräuter- bzw. Weinsud zu garen, ist beim edlen Lachs besonders angebracht. Vor allem, wenn der Lachs im ganzen zubereitet werden soll. Salzwasser und feiner Sud wird bei dieser Garmethode in einem Topf zum Kochen gebracht, der Fisch in einem Einsatz darübergehängt und zugedeckt gegart. Die Garzeit ist geringfügig länger als beim Pochieren. Hat man keinen speziellen Fischtopf mit einem Einsatz, kann man sich behelfen, indem man einen Teller auf zwei umgestülpte Tassen setzt. Für kleinere Lachsstücke eignet sich besonders der Schnellkochtopf mit Einsatz.

Braten und Backen von Lachs

Damit Lachsfilets- oder -koteletts nicht trocken werden, müssen sie vor dem Braten leicht in Mehl gewendet werden. Die Pfanne soll einen schweren, gleichmäßig wärmeleitenden Boden haben, und das verwendete Fett oder Öl muß völlig wasserfrei sein. Butter wird immer erst vorher geklärt. Bei starker Hitze wird angebraten, wie beim Steak, damit sich die Poren schließen, und bei gedrosselter Hitze fertiggebraten. Lachstranchen benötigen je nach Dicke pro Seite zwischen 0,5 und 3 Minuten Backzeit. Die etwas rustikalere Methode, Lachs durch Backen im Ofen zu garen, stammt aus der Sowjetunion und den skandinavischen Ländern. Um ein Austrocknen zu vermeiden, wird immer etwas Sud in den Topf oder Bräter gegeben. Bei 200 bis

220 Grad Celsius (wieder gilt: fette Lachse bei geringerer Temperatur) unter häufigem Begießen mit Fett oder Sud wird der Lachs je nach Größe zwischen 15 und 20 Minuten gebraten.

Fritieren von Lachs

Sofort denkt man an eine Vergewaltigung des Lachsfleisches, denn mit der Friteuse, dem heißen Fettbad, verbindet sich der Gedanke an fetttriefende Pommes frites oder der Geruch von Imbißbuden.

In einer sauberen, mit wasserfreiem, guten Fett bestückten Friteuse allerdings und dem richtigen Mantel aus Teig, Semmelbröseln u.ä. kann auch hier der Lachs zum Genuß werden.

Das Fett in der Friteuse wird auf 180 Grad Celsius erhitzt (Temperaturprobe: ein hineingeworfener Weißbrotkrümel muß sofort goldbraun und knusprig werden), und das in Teig eingehüllte Lachsstück wird je nach Größe 3 bis 5 Minuten darin ausgebacken. Danach wird es auf Küchenkrepp abgetrocknet und z.B. mit einer Zitronen-Buttersauce und gebackener Petersilie serviert.

Garen von Lachs in der Folie oder im Kochbeutel

Ideal läßt sich der Lachs in der Folie garen. Man kann fettarm kochen, und bei diesem schonenden Verfahren bleiben alle Vitamine und Mineralstoffe erhalten. Aber nicht nur ernährungsphysiologisch ist das Garen in der

Folie von großem Vorteil, auch entfallen alle störenden Gerüche, das Gargut kann nicht spritzen (wie beim Braten), nicht austrocknen oder an Aromastoffen verlieren. Für dieses schonende Garverfahren stehen drei Methoden zur Verfügung: Beim Garen in der Alufolie werden die Fischstücke ganz locker in die Folie eingepackt und nach Belieben mit Kräutern, Butter, Zitronenfilets o.ä. belegt. Das gilt auch für das Garen in der Bratfolie. Beim Garen im Kochbeutel wird der Lachs mit Kräutern und Gewürzen in einen Beutel aus Bratfolie gelegt, fest verschlossen und in einem Topf mit simmerndem, also noch nicht kochendem Wasser gegart.

Kräuter und Gewürze zum Garen von Lachs

Die verschiedensten Kräuter und Gewürze, die den Lachs als Gericht so vielfältig im Geschmack erscheinen lassen, sind keine Erfindung der »Neuen Küche«. Lachs in Estragonsauce oder Lachs mit Basilikum haben schon vor Hunderten von Jahren den Gourmet erfreut. Im »Bemerk-Zettel« aus dem Jahr 1691, dessen Herausgeber Wolfgang Moritz Endter aus Nürnberg stammte, entsprechen alle Rezepte in ihrer Üppigkeit, Raffinesse und Vielfalt dem Geschmack der Menschen jener Zeit. Auffallend ist die Vorliebe für stark gewürzte Fischspeisen und die Vielfalt der in jener Zeit verarbeiteten Kräuter.

Auch in dem vierbändigen »Neuen Salzburgischen Koch-Buch« Conrad Hagners, 1721 in Augsburg gedruckt, wird mit Gewürzen üppig umgegangen. Die meisten seiner Anleitungen rund um den Fisch empfehlen die reichliche

Verwendung von Bier oder Rotwein, Zwiebeln, Möhren, Petersilie, Wurzeln, Salbei, Knoblauch, Lorbeerblättern, Muskatnuß, Gewürznelken, Neugewürz, Zimt, Pfeffer, Nußkernen, Thymian, Holundersaft, Rosmarin, Essig und Salz.

Heute zählen folgende Kräuter zu den wichtigsten Verbündeten des Lachses: Basilikum, Dill, Estragon, Fenchel, Kerbel, Liebstöckel, Lorbeer, Minze, Petersilie, Pimpernelle, Rosmarin, Salbei, Schnittlauch, Sellerie und Zitronenmelisse. Gewürze wie Cayennepfeffer, Ingwer, Paprika, Muskatnuß, Safran, Wacholder und Zimt gehören wie Pfeffer und Salz zum Standardprogramm einer guten Lachsküche. Ohne Kräuter und Gewürze wäre ein Gericht mit Lachs nur noch die Hälfte wert.

Jede Garmethode hat ihre Stärken und Schwächen, jede Lachsart auch. Die richtige Garmethode, das »Auf den Punkt garen«, um das Lachsgericht zum kulinarischen Ereignis werden zu lassen, ist die Kunst des Kochs / der Köchin. Lachs ist nie trocken und schmeckt eigentlich immer, allerdings muß er richtig gegart sein.

Lachs
und was man
dazu trinkt

Ein guter Fisch muß dreimal schwimmen: zuerst im Wasser, dann in Butter und zum Schluß in Wein.« Auch Jonathan Swift, von dem dieses Zitat stammt, hätte auf die Frage, welches Getränk wohl am besten zu Lachs passe, »trockener Weißwein« geantwortet.

Von A wie Aquavit bis W wie Wodka

Ob es ein trockener Rheingauer, ein Muscadet, ein Chablis, ein Sancerre, ein Graves, ein Gros-Plant, ein Grüner Veltliner oder ein Chardonnay sein soll, das hängt ganz von den persönlichen Vorlieben, den Geschmacksnerven eines jeden »Lachsophilen« ab. Vorzüglich paßt ein vom Sekthaus Georg Geiling aus Bacharach kürzlich auf den Markt gebrachter *»Lachs Sect Brut«*, der sich weich und elegant präsentiert. Aber natürlich darf's auch ein anderer trockener Sekt oder Champagner sein.

Einige der deutschen Weingüter haben als Kennzeichnung für nicht ganz so große Weinkenner eine Vignette angebracht, die auf die besonderen Vorzüge ihrer Weine

Avocado-Suppe mit Räucherlachs

(Rezept siehe Rückseite der nächsten Bildtafel)

Norwegische Kombination

(Rezept siehe Rückseite der nächsten Bildtafel)

Carpaccio vom Lachs

(Rezept siehe Rückseite)

Avocado-Suppe mit Räucherlachs

Zutaten für 4 Personen:
2 reife Avocados (à 200 g)
½ l Hühnerbrühe (Instant)
Pfeffer, Salz, Koriander
1 EL Soßenbinder
Außerdem:
¼ l Sahne
2 EL geriebener Meerrettich
125 g Räucherlachs in Scheiben
1 Bund Dill

Avocados schälen, Kern entfernen und pürieren. Mit der Hühnerbrühe mischen und langsam aufkochen. Abschmecken. Die Hälfte der Sahne hinzugeben. Restliche Sahne schlagen und mit Meerrettich abschmekken. Dill waschen. Suppe mit dem in Streifen geschnittenen Lachs, Sahnehaube und Dill anrichten und mit frischem Weißbrot servieren.

Norwegische Kombination

Zutaten für 4 Personen:
150 g gravet Lachs in Scheiben
150 g geräucherter Lachs in Scheiben
250 g grüne Spargelspitzen
Beigabe für geräucherten Lachs:
⅛ l süße Sahne aufgeschlagen
1 TL Meerrettich (Fertigprodukt)
1 Prise Zucker
Soße für den gebeizten/gravet Lachs:
2 EL Senf
1 TL Honig
1 TL Traubenkernöl/Olivenöl
1 TL Dill (gehackt)

Die Zutaten für die Soße im Mixer fein pürieren. Die Sahne in Teigförmchen geben und mit Kaviar garnieren. Alles zusammen auf einer Platte anrichten. Dazu schmeckt frisches Weißbrot oder Baguette.

Carpaccio vom Lachs

300 g Lachsfilet kurz anfrieren. Mittels Aufschnittmaschine in 2–3 mm dicke Scheiben schneiden und auf flachem Teller fächerförmig anrichten. Mit 1 EL Olivenöl, Saft einer Limette/Zitrone sowie 1 TL Gewürzpfeffer marinieren und im Kühlschrank 20 Min. kaltstellen, mit Zitronenmelisse und Limettenscheiben dekorieren, sofort servieren.

als »Fischweine« hinweist. Nicht schlecht, aber ein Lachskenner wird diese Hilfestellung nicht benötigen, sondern sich vielleicht sogar für einen trockenen Sherry oder Portwein entscheiden. Spitzenköche, meist auch hervorragende Weinkenner, empfehlen auch schon mal fruchtige Rotweine zum Lachs in Rotweinbutter, z.B. einen jungen, gutgekühlten Bandol. Ein Rosé aus der Provence oder dem Anjou, aber auch ein trockener Weißherbst aus dem Badischen sind schon fast selbstverständliche Begleiter des Lachses.

Gastgeber, die ihre Gäste anläßlich eines Lachsdiners mit einem besonderen Getränk überraschen wollen, servieren z.B. zum Räucherlachs an der Honigmelone ein obergäriges »Rauchenfels Steinbier«. Dazu passend einen »Aalborg Jubiläums Aquavit« (mit Dill gewürzt; Lachs und Dill vertragen sich vorzüglich) oder einen jener berühmten »Linie-Aquavits«, wie etwa der »Lysholm« aus Trondheim. Bei ihm weiß man, daß er gut abgelagert ist, weil er, ehe er auf Flaschen gefüllt wurde, erst einmal ein halbes Jahr rund um den Erdball gereist ist. Zweimal muß er dabei den Äquator, die »Linie«, wie die Seeleute sagen, passieren, und zwar in Fässern aus Eichenholz, in die man sonst im andalusischen Jérez de la Frontera Sherry lagert. Ein solcher Aquavit erinnert an einen Sommerabend an einem der zahlreichen Fjorde Norwegens. Kenner trinken ihn kühlschrankkühl im ungekühlten Glas, wobei sich sein Aroma besser entwickeln kann. In Aalborg wird seit einiger Zeit der sog. »Aalborg Extra Aquavit« hergestellt, der auch bei Zimmertemperatur hervorragend zum Lachs mundet. Und was wäre das russische Vorspeisenbüffet ohne den gutgekühlten Wodka? Und ein Sakusska ist ohne die berühmte Kulebjaka (Lachspastete) nicht denkbar. Auch ein frischgezapftes Bier, aus einer der vielen guten deutschen Brauereien, ist ein hervorragender Lachsbegleiter. Es ist, wie alles im Leben, eine Frage des persönlichen Geschmacks, was man dem Lachs als flüssigen Begleiter zumutet.

Wer Lachs liebt, ist lieb zu ihm und läßt ihn angemessen schwimmen. Ob er eiskalt oder bei Zimmertemperatur schwimmt, in einer Spätlese, einem trockenen Sekt oder Champagner, wichtig ist nur, daß er schwimmt.

Lachsangeln – das besondere Vergnügen

Immer dem Lachs nach«, diese Inschrift auf Kaminen der Iren und Schotten zeugt von der besonderen Bedeutung, die Lachsangeln für sie hat. Es gibt zwei Kategorien von Lachsanglern, die es sich erlauben können, pro Tag bis zu 500 DM für eine Angellizenz hinzulegen oder in die noch unberührte Wildnis Kanadas oder Alaskas zu fliegen, und zweitens das weniger betuchte Völkchen, das an den Flüssen Norwegens und Schwedens das etwas preiswertere Vergnügen sucht.

Lachsangeln in Schottland gilt nach wie vor für viele Deutsche als exklusive Freizeitgestaltung, noch vor dem Golfen. Etliche Hotels in Schottland haben sich auf Lachsangler spezialisiert, z.B. das »Ballathie House« in Kinclaven.

Der »ghillie«

Was für den Golfer der »caddie« ist, ist für den Lachsangler in Schottland der »ghillie«. Der »ghillie« ist der Berater, der dem Lachsangler die Richtung weist, in der der meiste

Lachs gefangen werden kann. Erfahrene Lachsfänger wissen, daß ohne den »ghillie« nichts geht. In Fachkreisen ist sein Name eng mit der Qualität der unter seiner Beratung erzielten Fänge verbunden, das sichert ihm über Jahre hinweg Aufträge, die eine gute Einnahmequelle bedeuten. Sein Wissen ist meist auf die Flüsse und Seen der näheren Umgebung beschränkt, aber dort kennt er das Wasser mit all seinen Launen und manchmal, so scheint es, auch die dort stehenden Fische. Die Fliege oder andere Köder, die vom »ghillie« empfohlen werden, sind eigentlich immer die besten, obwohl sie zugleich auch das Geheimnis aller anderen »ghillies« sind.

Lachsfischen – eine Kunst für sich

Das Lachsfischen ist eine Kunst, und nur wenige beherrschen sie. Man sollte bloß nicht glauben, daß eine Angellizenz, ein gutbezahlter Berater und ein Fluß voller Lachse auch riesige Fangergebnisse bringen. Entscheidend ist auch der Köder (z.B. die Fliege), mit dem der Lachs zum Beißen animiert werden soll. Lachse, die zum Laichplatz aufsteigen, nehmen keine Nahrung zu sich, sie schnappen nur nach allem, was sich ihnen scheinbar in den Weg stellt. Liebe macht also doch blind.

Grundsätzlich ist es für den Gentleman-Angler unter seiner Würde, mit einem Blinker zu ködern. Hat man also keinen vergleichbaren Erfolg beim Lachsangeln, wie die legendäre Miß Ballantine 1922 vorzuweisen, die im Fluß Tay einen 29 Kilogramm schweren Lachs an den Haken bekam, wird es wahrscheinlich an der Fliege liegen. Hinter jeder Fliege steht selbstverständlich eine Geschichte, so klangvolle Namen wie »Jock Scott«, »Carry Dog« oder »Peter Ross« sollen den Lachs zum Anbeißen verführen. Und »Hairy Mary« heißt so, weil sie aus den Haaren der Frau eines Anglers hergestellt wurde. Und »Blue Elver« ist eine Fliege für Angelsnobs, sie stammt aus den Federn von somalischen Perlhühnern.

Lachsfang in Kantabrien

Erzählt man vom Lachsfang in Kantabrien, so erntet man unverhohlen mißtrauische Blicke und Kopfschütteln, schließlich gelten allgemein die Top-Seven (Schottland, Norwegen, Irland, Grönland, Schweden, Kanada und Alaska) als Länder, in denen es noch möglich ist, mit der Rute den Lachs zu fangen. Doch schon Hemingway weilte an den Fanggründen Kantabriens, wo es von Lachsen, Flußkrebsen und Meerforellen nur so wimmelt.

Puente Viesgo heißt die Lachsdomäne Kantabriens. Hier werden pro Jahr aus den Wassern des Pas 25 Prozent des regionalen Lachses, das sind 5000 Fische, gefangen. Bei durchschnittlich 10 Metern Breite fallen die Uferschenkel gleichmäßig zu 7 Metern Tiefe in der Mitte des Flußbettes ab, was die Artisten des Fliegenfischens vor einige Probleme stellt. Lachs läßt sich daher am Pas kaum mit einer Fliege fangen; ideale Lachsköder sind dort kleine Fische, Würmer und Garnelen, die mittels eines Bleistückes so ausgeworfen werden, daß der Haken mit dem Köder auf den Grund geht.

Lange Zeit war es möglich, Netze an der Flußmündung

aufzustellen, heute jedoch gibt es diese Möglichkeit nicht mehr, strenge Gesetze der kantabrischen Fischereiverwaltung verbieten dies. Man hat einiges getan, so z.B. Lachseier aus Norwegen im Pas ausgesetzt, um den Lachs in diesem Gewässer zu erhalten. Sämtliche untermäßigen Lachse, alle unter 30 Zentimetern Körperlänge, müssen laut Gesetz wieder ins Wasser geworfen werden. Damit sind auch Widerhaken an den Angeln verboten.

Kantabrischer Lachs ist öffentlich, also nicht privat. Jeder hat das Recht, ihn zu angeln, ob Deutsche, Spanier, Amerikaner oder Engländer. Und alle Lizenzen, Papiere, Prüfungsbogen und Anglerpässe sind überflüssig. Die einzige Bedingung ist, daß man sich rechtzeitig an Señor Don Juan José Martinez in Santander wendet. Ein völlig neutrales Losverfahren bestimmt, wer zu welcher Zeit welches Revier beangeln darf. So ein Revier kostet pro Tag ca. 200 DM und muß unter jeweils drei Anglern aufgeteilt werden, so daß pro Tag für einen Angler 65 DM zu zahlen sind.

Lachsangeln liegt hierzulande noch vor dem Golfen in der Rangliste der exklusiven Freizeitgestaltung. Es ist sogar noch teurer, denn bis zu 500 DM Tagesgebühr kostet eine Angellizenz pro Tag.

Und zum Schluß: Genießen ist eine Kunst!

Als Lachs-Gourmet sollte man einige sehr wichtige Dinge beachten, die einen ungetrübten Lachsgenuß gewährleisten:

▷ Der Geschmack von frischverarbeitetem Lachs ist durch den von gefrostetem Lachs nicht zu überbieten, auch wenn gefrosteter Lachs den Geldbeutel nicht so sehr strapaziert.
▷ Spitzenqualität, ob geräuchert, gebeizt oder frisch, hat nun mal ihren Preis.
▷ Restaurationsbetriebe, die über seemännische Artikel wie z.B. Fischernetze, Glaskugeln, Anker und Schiffslaternen verfügen, sind noch lange nicht prädestiniert, Lachs für vollendeten Genuß zuzubereiten.
▷ Auch wohlklingende »Kreationen« wie z.B. »Lachs in Curry-Preiselbeermayonnaise« können einem wahren Feinschmecker nur ein verständnisloses Lächeln entlocken.
▷ Zusammengeklebter Bruchlachs in einigen Supermärkten hat mit Lachsgenuß nicht das geringste zu tun.
▷ Auf Kirmesveranstaltungen angebotene »Lachsbrötchen« sind eher dazu geneigt, für alle Zukunft dem Lachs-

genuß zu entsagen, Zwiebeln und Kapern beschleunigen diesen Prozeß.

Es gäbe noch viel über die Unarten im Umgang mit diesem herrlich wohlschmeckenden Fisch zu sagen, doch halten wir es mit Brillat-Savarin, der alles mit den Worten zusammenfaßte:

Genießen ist eine Kunst!

Glossar

Amur-Lachs: Pazifik-Lachs aus dem Grenzfluß zwischen der Sowjetunion und China, auch Keta-Lachs.

Aquafarming: Oberbegriff für intensiv aufgezogene Fische, Fischzucht.

Atlantik-Lachs: Spitzenreiter in der Lachsqualität, lat. Salmo salar.

Balik: Heißt eigentlich auf russisch (Balyk) »luftgetrockneter Stör«. Geschütztes Warenzeichen für geräucherten Lachs in Top-Qualität aus der Schweiz.

Baltik-Lachs: Atlantik-Lachs aus der Ostsee.

Blank-Lachs: Auch Smolt; im Meer lebender Lachs.

Blaurücken: Zur Gruppe der Pazifik-Lachse gehörig, auch Sockeye. Weiterverarbeitung meist zu Konserven.

Bright: Pazifik-Lachs, auch Silverbright. In der Gruppe der Chum- oder Keta-Lachse der hochwertigste.

Buckellachs: Kleinster Pazifik-Lachs, auch Pink-Lachs. Bekommt während der Laichzeit zusätzlich zum Hakenkiefer einen Buckel.

Chiemook-Lachs: Name in den USA für größten Pazifik-Lachs, auch Red King, King oder Spring genannt. Beste Qualität unter den Pazifik-Lachsen.

Chum: Auch Keta- oder Amur-Lachs. Zur Gruppe der Pazifik-Lachse gehörig. Oberbegriff für Lachse einer breiten Qualitätsskala.

Coho: Pazifik-Lachs, auch Silver. In der Qualität bei den Pazifik-Lachsen an zweiter Stelle.

Coulibiac: Französische Lachspastete, nach Auguste Escoffier. Auf dem Grundrezept der russischen Lachspastete (Kulebjaka) basierend.

Dark-Chum: Unterste Qualitätsstufe der → Chum-Lachse.

Glenmorangie-Salmon: Schottische Räucherlachsspezialität, mit Whisky gebeizt.

Graulachs: Älterer, abgelaichter Lachs.

Graved-Lachs: Auch Gravlax, Gravad- oder Graverd-Lachs; mit Dill und verschiedenen Gewürzen gebeizte skandinavische Lachsspezialität.

Grilse: Junge, im Süßwasser lebende Lachse, auch Parr genannt.

Grönland-Lachs: Schlußlicht in der Qualitätsskala der Atlantik-Lachse.

Hakenlachs: Männlicher Lachs, dem beim Aufstieg zum Laichen durch Fettverlust am Unterkiefer ein Haken wächst.

Irischer Lachs: Atlantik-Lachs von hervorragender Qualität, überwiegend Wildlachs.

Island-Lachs: Zur Spitzenqualität der Atlantik-Lachse gehörig. In Deutschland meist nur gefrostet zu bekommen, hoher Fettgehalt.

Jacobs-Lachs: Lachs, der nach seinem Süßwasseraufenthalt schon nach einem Jahr im Salzwasser zurück in den Heimatfluß kehrt.

Kelt: Anderer Ausdruck für abgelaichten Lachs, auch Graulachs.

Keta-Kaviar: Rötlicher bis roter Kaviar des im Pazifik vorkommenden Chum, Keta- oder Amur-Lachses.

Keta-Lachs: Pazifik-Lachs, auch Chum oder Amur-Lachs.

King-Lachs: Größte und beste Lachsart der Pazifik-Lachse, auch Red King, Chiemook (USA) oder Spring (Kanada) genannt.

Kulebjaka: Weltberühmte, russische Lachspastete. Wird häufig bei einem russischen Vorspeisenbüffet (Sakusska) mit saurer Sahne serviert.

Lachsbrett: Spezielles, dekoratives Holzbrett zum Lachsschneiden und Servieren.

Lachsforelle: Lat. Salmo irideus gairdner; zu den drei großen Lachsfischen (Salmoniden) gehörig; nicht zu verwechseln mit der → Meerforelle.

Lachs-Kaviar: Gesalzener Rogen vom Lachs, Topqualität vom Chum, Keta- oder Amur-Lachs.

Lachsmesser: Spezialmesser zum Lachsschneiden, mit dünner, biegsamer Klinge, mindestens 30 Zentimeter lang.

Lossos: Russisch für Lachs.

Meerforelle: Lat. Salmo trutta, oftmals auch unter der falschen Bezeichnung Lachsforelle im Handel. Dem Atlantik-Lachs sehr ähnlich, aber mit wesentlich weniger Schuppen.

Milcher: Männlicher Lachs, zur Fortpflanzung bereit; auch Milchner.

Norwegischer Lachs: Atlantik-Lachs, überwiegend Zuchtlachs aus Norwegen, dem größten Lachsproduzenten der Welt.

Ostsee-Lachs: Atlantik-Lachs, → Baltik-Lachs.

Parr: Junglachs, im Süßwasser lebend, auch Grilse genannt.

Pazifik-Lachs: Lat. oncorhynchus; Überbegriff für die große Gruppe der Lachse aus dem pazifischen Raum.

Pelagisches Fischen: Im freien Wasserraum mit Netzen fischen.

Pellets: Spezielles Futter für Zuchtfische; heute nur noch Trockenfutter (= Trockenpellets).

Pink-Lachs: Pazifik-Lachs, → Buckellachs.

Pochieren: Schonende Garmethode, besonders für Lachszubereitung geeignet; auch garziehen im Sud.

Red King: Pazifik-Lachs, auch Spring oder King, → Chiemook-Lachs.

Red Salmon: Pazifik-Lachs, → Blaurücken, → Sockeye.

Rogener: Weiblicher Lachs, gefüllt mit Eiern zum Laichen.

Salm: Lachs; Bezeichnung für 2- bis 5jährigen Lachs.

Salmon: Engl. für Lachs.

Salmoniden: Gruppe der Lachsfische, alle Fische mit einer Fettflosse (z.B. Forelle, Aesche etc.).

Salmo salar: → Atlantik-Lachs.

Salmo trutta: → Meerforelle.

Saumon: Franz. für Lachs.

Schottischer Lachs: Hervorragende Qualität unter den Atlantik-Lachsen; wird auch häufig schon gezüchtet. Qualitativ identisch mit dem Irland-Lachs.

Semibright: Mittlere Qualitätsstufe der Chum, Keta- oder Amur-Lachse; zu den Pazifik-Lachsen gehörig.

Silver: Pazifik-Lachs, → Coho.

Silverbright: Pazifik-Lachs, → Bright.

Sockeye: Pazifik-Lachs, hauptsächlich für die Konservenindustrie → Blaurücken oder → Red Salmon.

Spring: Pazifik-Lachs, → Chiemook, Red King oder King; kanadische Bezeichnung.

Stremel-Lachs: Heißgeräucherter Lachs, Spezialität aus Ostpreußen.

Wobbler: Beweglicher, gestreifter Lachsköder zum Angeln.

Die ECON Gourmet Bibliothek

Ob über die besten Käsesorten, den feinsten Sekt, die exklusivsten Arten, Hummer zu essen – die ECON Gourmet Bibliothek informiert Sie über die edelsten Produkte aus dem Bereich Essen & Trinken. »Mehr Lebensfreude durch kulinarischen Genuß«, ist das Motto des Herausgebers Hans-Peter Wodarz. Und so richtig genießen kann eben nur der Wissende. In kompakter Form erhalten Sie wichtige Informationen über Kulturgeschichte, Herkunftsländer und Qualitäten. Tips, Adressen, Bewertungsskalen und praktische Empfehlungen helfen allen Genießern und Gourmets weiter.

Jeder Band der ECON Gourmet Bibliothek umfaßt ca. 112 Seiten und ist so sorgfältig ausgestattet wie das Buch, das Sie im Moment in den Händen halten: Ein fester Pappband, farbiges Vorsatzpapier, Kaptalbändchen und viele Farbtafeln machen die ECON Gourmet Bibliothek auch für Bücherfreunde zu einem optischen Genuß. Auf den folgenden Seiten sehen Sie, wie viele Bücher zu Gourmetthemen bereits erschienen sind.

Peter C. Hubschmid
Beaujolais, Primeur & Co.

Jürgen Lautwein
Espresso, Mokka, Capuccino & Co.

Karl Rudolf
Grappa, Marc & Co.

Karl Rudolf
Portwein

Heide Hartner
Olivenöl & Oliven

Peter Lempert
Austern

Veronika Müller
Hummer, Krabben, Shrimps & Co.

Ingeborg Kunze-Glupp
Trüffel

Peter Hilgard
Sherry

Friedrich Eberle/Christa Klauke
Chianti

Karl Rudolf
Calvados

Jo Volks
Armagnac

Petra Klein
Essig: Aceto Balsamico & Co.

Rudolf Knoll
Sekt

Ingo H. G. Taubert
Lachs

Jürgen Löbel
Parmaschinken & Co.

Heide Hartner
Roquefort, Stilton & Co.

August F. Winkler
Mouton-Rothschild, Latour, Lafite-Rothschild & Co.